なぜこんなことするの?—の謎がこれでナットク

世界の宗教101の謎

21世紀思想研究会 編

河出書房新社

第1章 宗教って何だろう? 5

第2章 アブラハム宗教の謎 23

第4章 日本・中国・韓国の宗教の謎 67

第5章 死後の世界と宗教の謎 85

装丁◎津脇めぐみ（来夢来人）　カバーイラスト◎遠渡 譲
本文イラスト◎中村啓子　扉イラスト◎山本峰規子

第1章

宗教って何だろう？

宗教というと、オウム真理教や
イスラム原理主義のテロを思い出して、
何だか怖いもの、と思う人もいるかもしれません。
あるいは、時代遅れで役に立たないものと
決めつけている人もいるかもしれません。
しかし、宗教は、私たち人間の歴史とともに古く、
私たちのものの考え方を形成してきた
大事なファクターでもあるのです。
宗教は、いつ、どんなふうに始まり、
私たちの心の歴史にどんな影響を与えてきたか——
まずはその発生と変化の歴史を探ってみましょう。

▶ 世界の宗教の謎 001~014

謎 001

世界にはどんな宗教があって、どれくらい信者がいるの？

●●● 三大宗教だけで世界の人口の半分以上

さまざまな民族宗教、新興宗教まで含めると、世界には数えきれないほどの宗教が存在します。しかし、民族や国を超えて信者（信仰する人々）が広がり、その生き方や文化に影響を及ぼしている宗教となると、そんなに多くはありません。

◆世界三大宗教とは？

現在、「世界宗教」と言われているのは、**キリスト教**（カトリック・プロテスタント・東方正教会で合計約20億1900万人）、**イスラム教**（約12億人）、**仏教**（約3億6000万人）の三大宗教です（数字は『ブリタニカ国際年鑑2002年度版』による）。この三宗教だけで、全世界の人口約65億6000万人の半分以上を占めてしまいます。

ただし、信者数だけから言うと、インドの人口10億人の約80％強が信仰する**ヒンドゥー教**（約8億2000万人）、儒教・道教などをベースとした**中国民間宗教**（約3億9000万人）のほうが、仏教よりも大きな集団ということになります。

◆民族宗教とは？

民族宗教というのは、主に民族の生成やその救済に関わる教えを核とした宗教で、通常、一民族内でのみ信仰されているものを言います。代表的な例がイスラエル民族と唯一神との契約という形を取って語られるユダヤ教（信者約1400万人）で、日本の神道もこれに当たります。

ヒンドゥー教は、その教義自体はもっと宇宙的で、インド以外の地域、ネパールやスリランカ、インドネシアのバリ島などにも信者がいます。その意味では、世界宗教的な要素も持っているのですが、インド独特の社会制度カーストと密接に関係して発展したこと、その広がりがあくまでインド中心であったことなどから、民族宗教として定義されるのが一般的です。

民族宗教のもうひとつのパターンは、キリスト教、仏教、イスラム教などの世界宗教が、土着の宗教と融合してできあがったもので、代表的な例として、イスラム教とヒンドゥー教が融合してできたシク教（シーク教ともいう）や、仏教とチベット土着のボン教などが融合してできたチベット仏教などがあります。

◆古代宗教の名残りも

このほか、世界には、イスラム教やキリスト教の布教を受けながらも、その風習などが根強く残っている古代宗教（ペルシャ＝現イランのゾロアスター教など）もあり、またアフリカ、南米、オセアニアなどには、民族よりももっと小さな単位、部族や氏族ごとに信仰される土着の宗教が、いまだに生活と密着した形で息づいている地域もあります。

世界の主な宗教とその分布

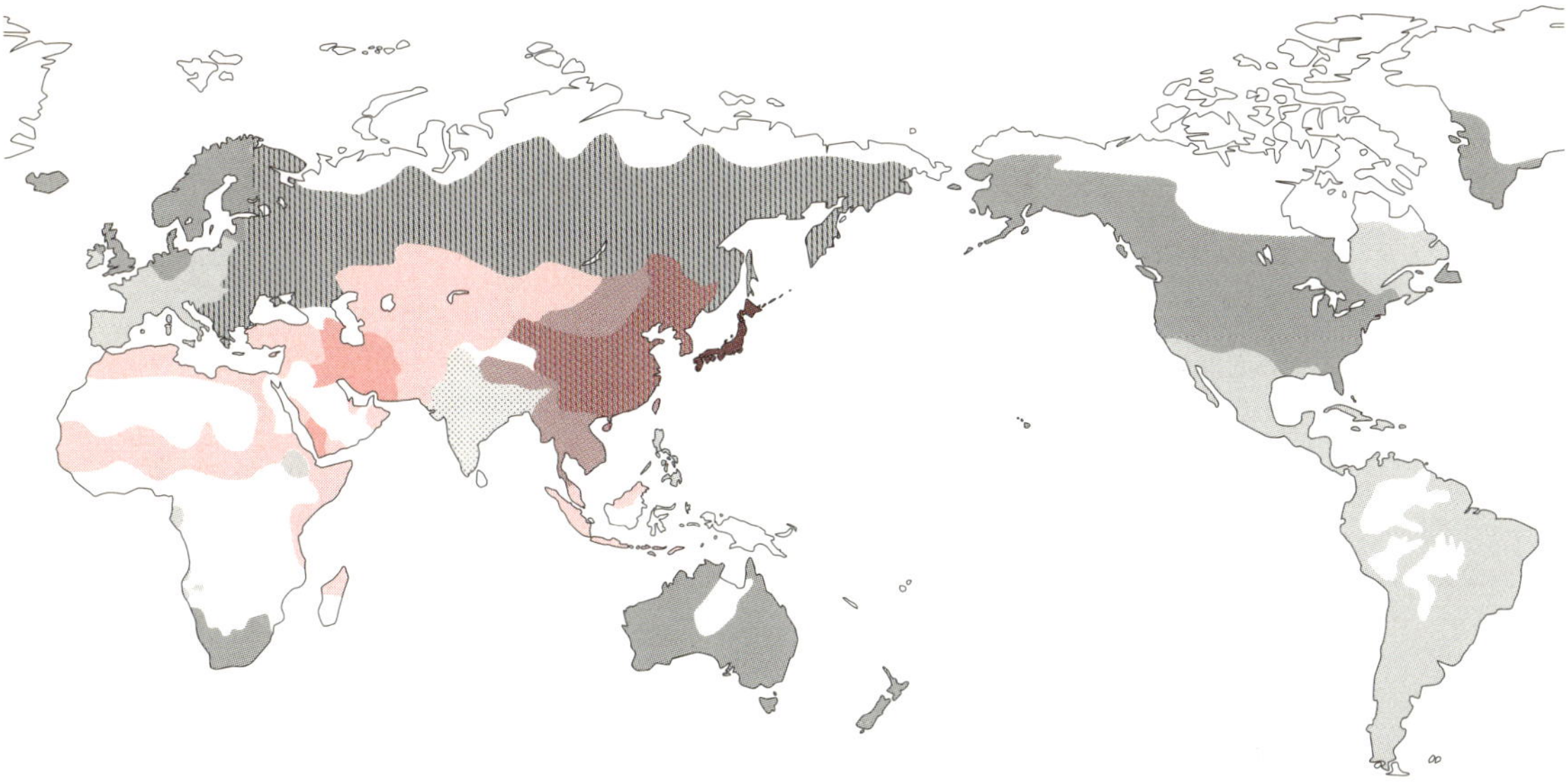

キリスト教カトリック　キリスト教東方正教会　イスラム教シーア派　仏教　仏教・神道
キリスト教プロテスタント　イスラム教スンナ派　ヒンドゥー教　中国民間宗教　その他

『データブック　オブ・ザ・ワールド　世界各国要覧と最新統計2005年度版』（二宮書店）を参考に作成しました

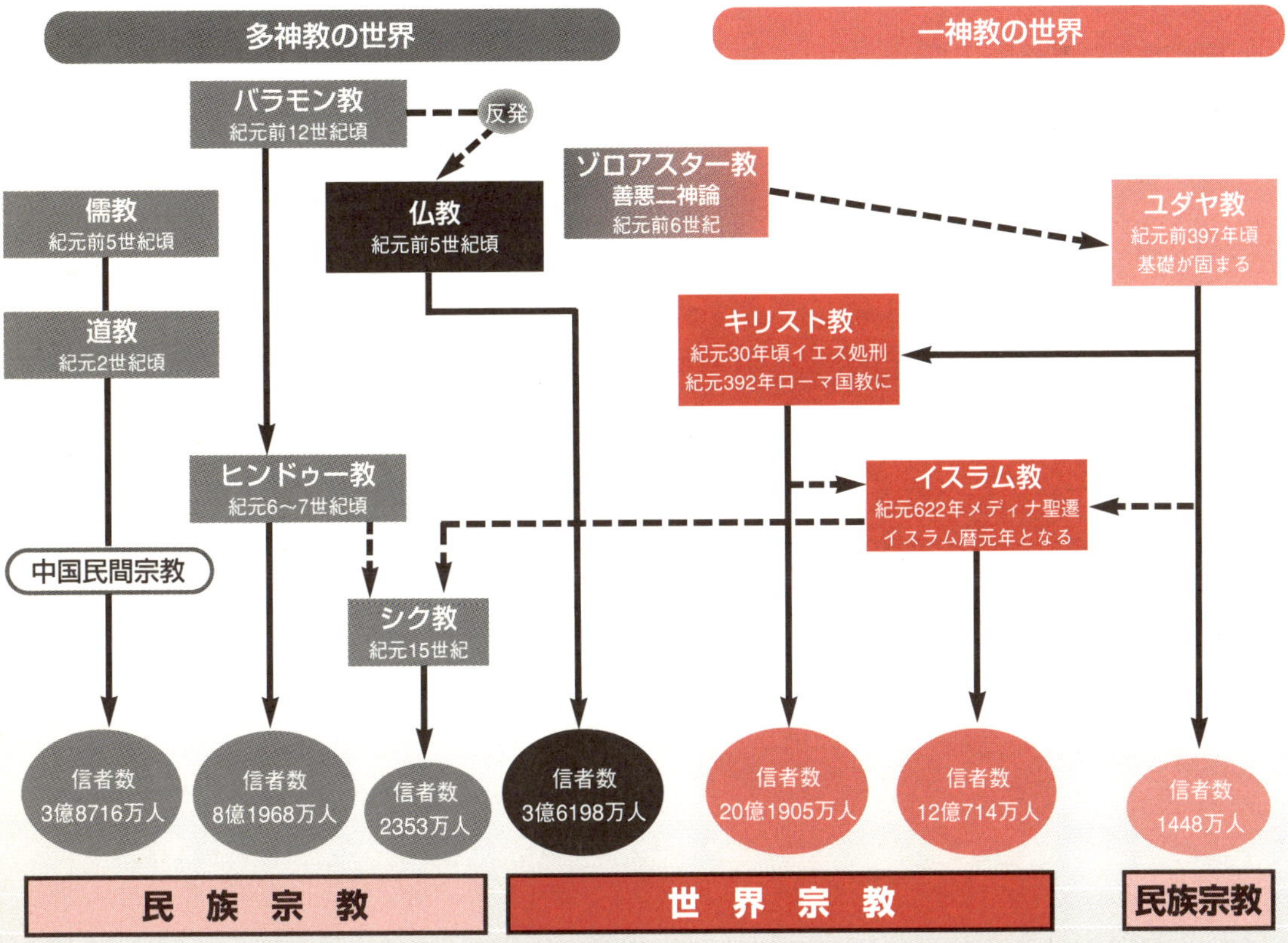

謎002

人間はいつから、宗教を持つようになったの？

原始の「神」は「GOD」ではなく、「スピリット」

宗教の原型とも言える原始的な信仰の存在は、人類の歴史とともに古く、すでに旧石器の時代から、人間は、死者を埋葬したり、なんらかの呪術を行ったりしていたことが、その時代の遺跡などから確認されています。有名なラスコーの洞窟（フランス、旧石器時代＝約1万年前）の壁画に描かれたさまざまな動物の姿も、なんらかの祭祀と関係していたのではないかと言われています。

あらゆるものに宿るスピリット

未開時代の人たちは、あらゆる自然物にスピリット（精霊）が宿ると考え、信仰の対象としていました。これをアニミズムと言います。

◆「精霊」たちの世界

こうした原始時代の宗教的態度の中には、すでに人間が「死」や「死後の世界」、また、人間に死をもたらす自然の力に対して畏怖の念を持っていたことが示されています。その畏怖は、やがてさまざまな神々を生み出していくことになります。

ここで言う「神」は、「GOD」の訳として使われる「神」とはまったく性質の異なった、むしろ「**スピリット＝精霊**」と呼ぶべき存在です。いまでも私たちは「森の精」「湖の精」などという言葉を使いますが、その「精霊」です。

未開時代の人々は、太陽や月などの天体、雨や風といった自然現象、動物や植物といった生きもの、それに人間（死者、生者）を含めたあらゆる自然界の存在に、スピリットが宿っていると考えていました。

◆アニミズムという原始宗教

当時の人々は、こうした精霊たちを畏怖するばかりでなく、それらと交流する能力を備えてもいました。そのために特殊な植物がもたらす幻覚作用（トランス状態）を利用する場合もあれば、ひたすら瞑想することによって心のチャネルを開く場合もありました。これらの宗教的行為や態度は「**アニミズム**」と呼ばれ、南アメリカ大陸やオセアニアの先住民の中には、いまもこうした宗教的生活を続けている人たちがいます。

◆日本では「もののけ」の世界

日本の古代の神々も、多くはこのスピリットの類と考えられます。そして、わたしたち日本人は、こうした精霊たちを「**タマ**（魂または霊）」、それが人に憑依《ひょうい》した状態を「**もののけ**」などと表現して親しんできました。その名残は、今日でも各種の祭礼の中などに見出すことができます。

たとえば秋田の「**なまはげ**」は、年に一度、小正月の儀礼のときにだけ姿を現す神様ですが、あの異様な姿をした神様も、日本人が古くから親しんできたスピリットのイメージのひとつだと考えられます。

豆知識

来訪神…日本の民俗信仰の中には、正月などの祭礼のとき、年に一度だけ姿を現す神様がいる。こういう神様はたいていは亡くなった祖先の死霊などで、共同体の外からやって来ると考えられたので、「来訪神」と言う。「なまはげ」もそのひとつ。

謎003

原始時代の人々は、神々とどんな交流をしていたの？

トーテミズムとシャーマニズム

原始時代の宗教は、こうしたスピリット＝精霊たちとの交わりを中心に、さまざまな宗教的タブーや社会の制度（結婚や交換のシステムなど）を作り出していきました。

◆部族ごとにトーテムを崇拝

この時代にはまだ国家は成立しておらず、食料も狩猟や採集に頼っていた時代で、社会も氏族や部族を中心に構成されていました。

南北アメリカ大陸のインディオやオーストラリアのアボリジニなどの間では、こうした部族ごとにある特定の動物や植物を部族のシンボル（トーテム）として崇拝する習俗が発達しました。この習俗は「トーテミズム」と呼ばれています。

トーテム・ポールは、部族のトーテムを柱に刻んだもので、主に北米大陸のインディオが使用しました。

◆呪術師＝シャーマンの登場

スピリットである神々は、ふだんは深い森の中や洞窟の中、湖の底などに潜んでいて、滅多なことでは姿を現しません。こうした精霊と交流するためには、特別の霊的能力が求められました。そのために発達したのが各種の呪術です。部族の中にはそれらの能力に長けた呪術師＝シャーマンがいて、特別のとき（さまざまな祭礼や儀式、雨乞いや病気の治療などの際）には、一種のトランス状態になって精霊たちと交流し、そこで得た神託を部族のメンバーに伝える役目を果たしていました。これを「シャーマニズム」と言います。

◆族長とシャーマンの関係

こうしたシャーマンの能力は、尊敬の対象であると同時になにやら不気味さを漂わせるものでもあったので、ふだんの部族の生活の中では敬遠される傾向がありました。したがって、ふだんの社会生活は、部族の政治的なリーダーである族長の指導のもとで営まれ、シャーマンは宗教的生活についてのみその指導力を発揮する、というのが通常の形でした。

つまり、未開の社会の中では、政治的権力と宗教的権力は分離されているのがふつうだったのです。ところが、紀元前1万年頃に人類が農業や牧畜を開始し、新石器時代が幕を開けると、この関係に重大な変化が起こり、それとともに「神」という概念も大きく変貌することになります。

シャーマンと族長の関係

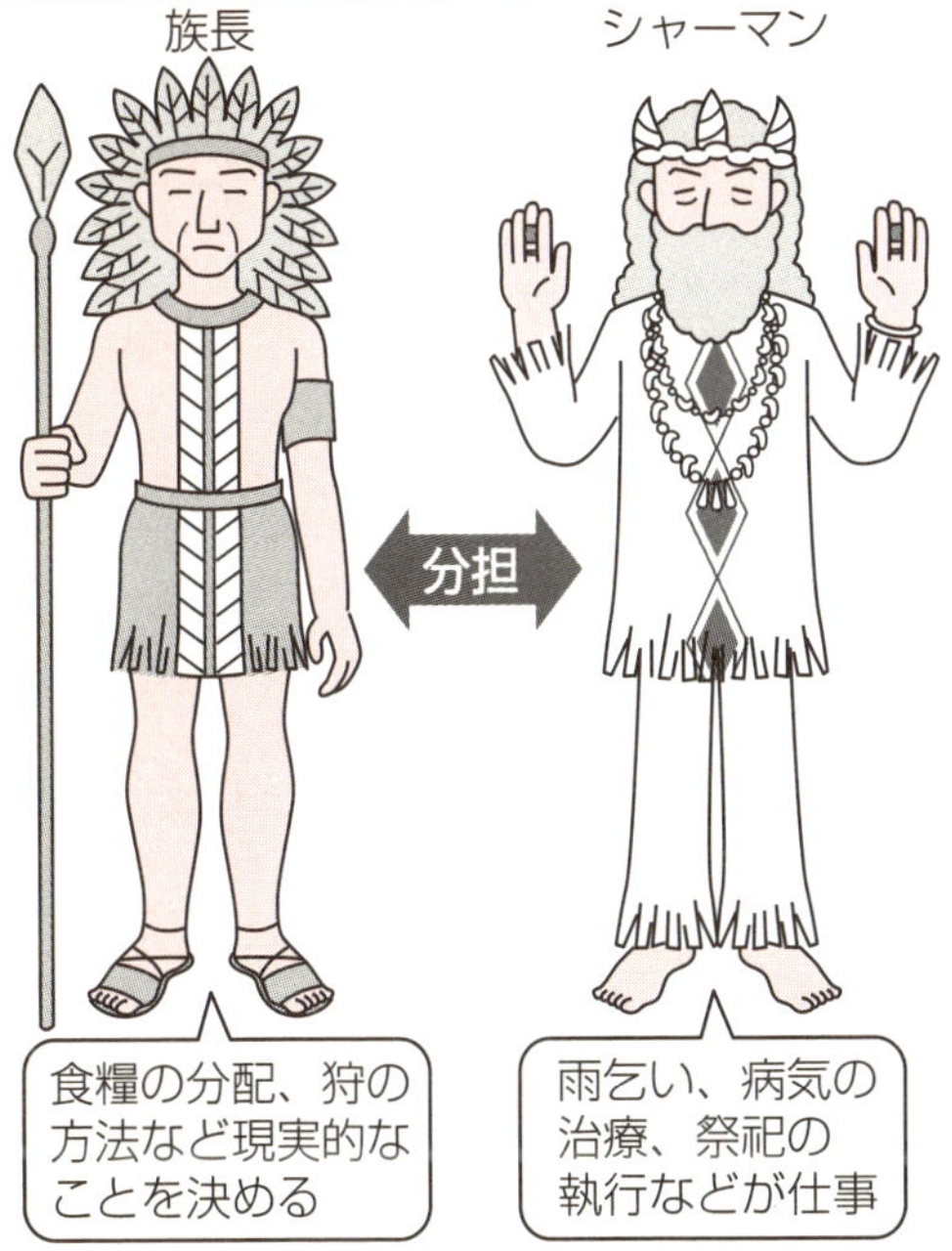

国家が成立する以前の未開時代、部族社会では、政治的リーダーと宗教的リーダーは、それぞれ役割を分担していました。

豆知識

トーテムと結婚制度…未開の社会では、「トーテム」は血縁関係を示す記号でもあった。結婚の相手は、必ず違うトーテムの中から選ばなくてはならない（＝**外婚制**）などのルールが作られ、近親婚を避ける智恵としても機能していた。

謎004

一神教の神は、どうやって生まれたの？

高神の誕生から唯一神登場まで

世界で初めて農耕（牧畜を含む）が始まったのは、エジプトのナイル河からメソポタミア（現在のイラク）のチグリス・ユーフラテス河にかけての「**肥沃な三日月地帯**」と呼ばれる一帯です。世界で最初に「一神教」を生み出したのも、この地域。農耕と一神教の成立の間には、何か関係があるのでしょうか。

◆額に汗して働く農耕時代

ただ取ってきて食べればよかった狩猟・採集の生活は、まさに「旧約聖書」の「創世記」に描かれた「エデンの園」のような世界であっただろうと思われます。しかし、「創世記」によれば、人は禁断の知恵の実を食べてしまったために楽園を追われ、以後、「額に汗して労働」して食べ物を得なければならなくなります。農耕は、まさにその「額に汗して」にふさわしい重労働。「創世記」の記述は、人間が狩猟・採集の楽園生活から重労働によって日々の糧を得なければならない農耕生活へと移行したことを、神話的に語っているのではないか、とも解釈できるのです。

◆より普遍的な神を求めて

いずれにしても、農耕と牧畜の開始は、それにふさわしい土地に多くの人間を集めることになり、収穫した穀物を貯蔵しておく施設やそれを守るための武力も必要となり、各地に大きな都市が生まれ、やがてはそれが国家へと発展していくことになります。

こうなると、各部族が霊感にたよってそれぞれの精霊＝スピリットを崇拝していたのでは、まとまりがつきません。より強大でより普遍的な神という存在が、心理的にもまた政治的にも必要になってきます。ここから一神教の成立へと向かうプロセスが始まるのですが、そのプロセスは、人間の意識の進化という過程と社会的なシステムという二面から説明する必要があります。

◆「高神」の発見

意識の進化という点で注目すべきなのは、「**高神**」と呼ばれる神の存在です。

未開時代の人たちは、あらゆる自然物に精霊が宿っていると考えていました。これらの精霊は、たとえば山の精霊であったり、熊の精霊であったり…というふうにとても具象的で、具体的なモノと私たちの意識の間を行き来する存在でしたが、この中から人間は、あらゆる精霊たちに共通する普遍性＝本質のようなものを早い段階から発見し、これを特別なスピリットとして意識していました。

アメリカ大陸の先住民たちのそれは「**グレート・スピリット**」と名づけられました。インドでは、のちのヒンドゥー教の土台となったバラモン教の教えの中に、「**ブラフマン**＝宇宙の根本原理」と「**アートマン**＝個々に内在する実体」は本来同一であるという考えが登場しますが、この「ブラフマン」も「普遍的なスピリット」と考えることができます。

◆高神＝常在する神

この普遍的で本質的なスピリットが発展したものが、「高神」です。「高神」は他の精霊＝スピリットたちと違って、どんな具体的なイメージも持っていません。また、気まぐれに現れたり消えたりする神ではなく、いつも私たちのそばにいる、つまり常在する神でもあります。

限りなく一神教の神に近い性質を備えたこうした神の存在を、人間はかなり早い段階から

豆知識

エデンの園はどこにあった？…新石器時代が始まる前まで、地球はまだ氷河期。現在、アラビア海となっているあたりは、果樹も豊富な楽園で、「エデンの園」もそこにあったのでは、と言われている。その後の海面上昇で、人間は楽園を追われて…。

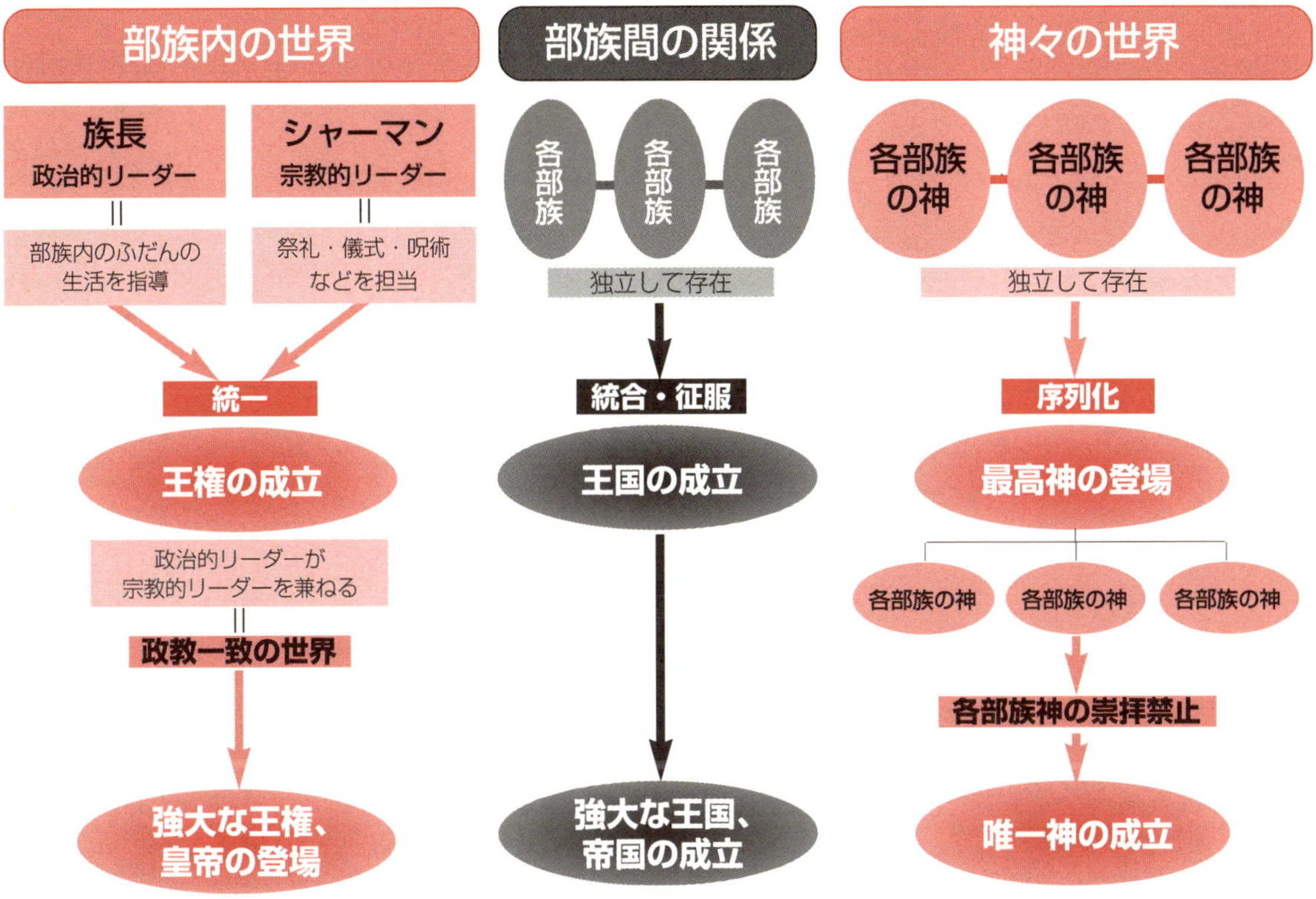

意識していたということになります。

◆政治と宗教の合体

こういう「高神」の存在は、社会のシステムの上からも求められました。

未開の社会の中では、部族の宗教的リーダーであるシャーマンと政治的リーダーである族長は、分離されるのがふつうでしたが、やがて国家が成立する段階になると、「王」がその両者を兼任するようになります。各氏族や部族を束ねていく上でも、それぞれが自分たちの神＝スピリットを崇拝していたのではまとまりがつきませんから、それらの神々の上に「より高い神」を設ける必要があったのです。

◆世界初の一神教

古代エジプト人の社会も、もともとは、地域の集団ごとにそれぞれの神を信奉する多神教の社会でした。しかし、王国が成立すると、それらの神々の間に序列が作られ、紀元前２０００頃には、首都テーベの守護神アメンが最高神として祀られるようになりました。

さらに紀元前１３７０年頃に即位したアメン・ホテップ４世の時代になると、太陽神ラー（アトンと改名）を唯一絶対の神として、ほかの神々への信仰を禁じてしまいます。これが、世界初の一神教。しかし、同王の死後、エジプトは再び、多神教の世界に戻ってしまいます。

エジプトでは失敗に終わりましたが、この過程を徹底して推し進め、世界に比類のない一神教の世界を築き上げたのが古代イスラエル王国で、この一神教こそ、後のキリスト教、イスラム教へとつながっていくユダヤ教でした（ユダヤ教、キリスト教、イスラム教については第２章参照）。

豆知識

ツタンカーメン王…弱冠12歳でエジプト王となったツタンカーメンは、日本ではもっとも有名なエジプト王。その養父が「アトン」を唯一神としたアメン・ホテップ4世だった。同王の死後、再びアメン神への信仰が復活して、エジプトは多神教に。

謎005

世界にはどんな神話があるの？どんなことが書いてあるの？

神話を通して神々を序列化

未開の時代の神々は、各地に国家が成立していく過程で、徐々に体系化されていきます。その体系化と前後して、各地に神話が成立していきました。

◆神話が果たした役割

神話はさまざまな要素から成り立っています。**世界の起源**を語る神話、**人類の起源**を語る神話、火や穀物の獲得という**文化の起源**を示す神話、そして神話の世界と現実の歴史とをつなげる**神々と英雄たちの物語**――多くの神話はこれらの要素が組み合わされて創られています。とりわけ、神々と英雄たちの物語は、その時代の支配者（王や貴族）が、自分たちの血統の正当性を主張するためにも重要な構成要素でした。

◆「神」となったファラオ

神話が果たした役割のひとつに、神々の間に序列をつけるということがありました。

たとえば古代エジプトでは、国土の各地にその土地の守護神や各部族や氏族ごとの神がいて、それぞれが神話や伝承を持っていましたが、紀元前3000年頃に上下エジプトを統一したメネス王以降、**太陽神ラー**が最高神とされ、ファラオ（国王）はその「**ラーの息子**」を名乗って現人神となり、自ら大祭司となって、国民を統治しました。神そのものであるファラオは不死とされたので、死後もその体はミイラとして保存され、天から放射される日光を形にしたと言われるピラミッドに安置されたのでした。

◆善悪二神が戦う神話

ペルシャ（現在のイラン）神話に登場する神々は、3つの群に分けられます。紀元前6世紀にゾロアスターの宗教改革によって始まった**マズダ教**の時代になると、これらの神々は、アフラ・マズダを中心とする**善神群**と、アーリマンを中心とする**悪神群**に二極化され、両者の間の闘いが神話として語られます。マズダ教は後に**ゾロアスター教**（火の神アフラ・マズダを最高神とする一神教。拝火教とも呼ばれる）となりますが、この善悪二元論は、以後のユダヤ教、キリスト教へとつながる一神教的思想のベースとなりました。

当時は未開状態にあったゲルマン民族の間にも独自の神話がありましたが、現在はその名残が北欧神話として残っているにすぎません。

ペルシャの善悪二神論

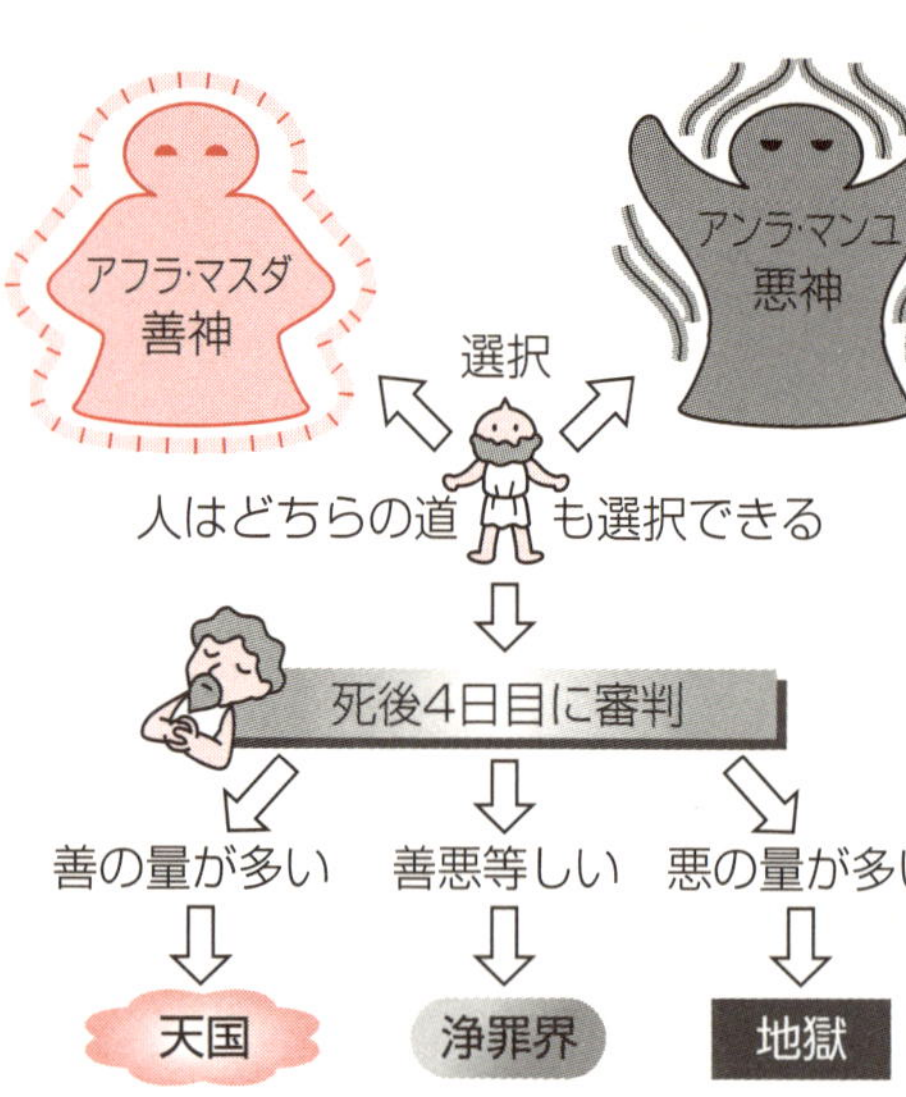

ペルシャのゾロアスター教では、善神であるアフラ・マズダと、悪神アンラ・マンユ（アーリマン）との闘争が続き、最後の決戦で善神が勝利して、最後の審判が行われるとされました。

豆知識

ゾロアスターはツァラトゥストラのモデル？…紀元前6世紀頃に活躍したペルシャの宗教家で、アフラ・マズダを最高神とするゾロアスター教の創始者。ニーチェの『ツァラトゥストラかく語りき』の「ツァラトゥストラ」は「ゾロアスター」のドイツ語読み。

謎006 ギリシャ神話には、どんな神々が登場するの？

人間臭いギリシャ神話の神々

ギリシャ神話の神々とその系譜

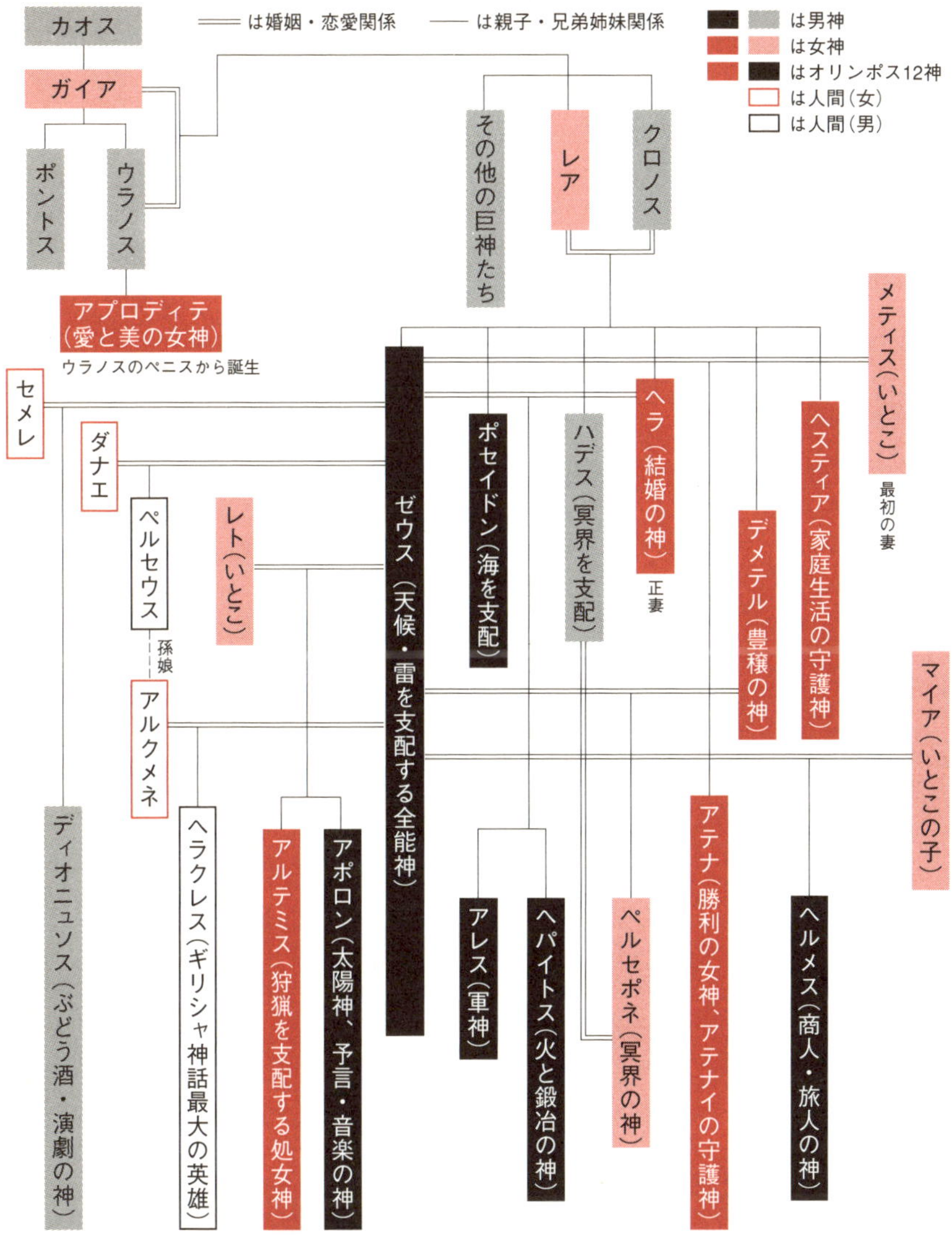

各地の神話が最高神を中心として体系化されていく中で、ギリシャ神話の世界は最後まで混沌とした世界を見せてくれる、という点で異色です。

◆オリンポスの12神の誕生

ギリシャ神話の神々は、とても人間くさい神々です。親と子の間で殺し合いをしたり、姉と弟、兄と妹の間で子をもうけたり、ときには人間の娘に恋をして追い回したりします。

すべての始まりは**カオス**（混沌）。このカオスから母なる神・**ガイア**（大地）が生まれ、ガイアから**ウラノス**（天空）が生まれます。やがてガイアと息子ウラノスが結ばれて、次々にティタン神族と呼ばれる巨神たちが誕生します。ところが父ウラノスは、そのうちの異形であった息子2人を大地の奥に閉じ込めてしまいます。

怒ったガイアは、末の息子・**クロノス**に頼んで、ウラノスのペニスを切り落とさせ、権威の座から追い落とします。この切り落とされたウラノスのペニスから誕生したのが、美と愛の女

豆知識

トロイア戦争…美を競い合った3人の女神、ヘラ、アテナ、アプロディテ。その審判をゼウスはトロイアの王子パリスに任せた。アプロディテは「私を選べば世界一の美女をあげよう」とパリスを誘惑して、栄誉を勝ち取る。アプロディテがパリスに与えたのは、スパルタ王の妃ヘレナ。怒ったスパルタ王はギリシャ連合軍を率いてトロイアを攻撃。トロイア戦争はこうして始まった。

神で、のちに有名なトロイア戦争を引き起こすきっかけともなった**アプロディテ**（ローマ神話では**ウェヌス＝ヴィーナス**）です。

父神・ウラノスを失墜させたクロノスは、実の姉**レア**を妻として、**ヘスティア**（家庭生活の守護神）、**デメテル**（豊穣の女神）、**ヘラ**（結婚の女神）、**ハデス**（冥界の支配者）、**ポセイドン**（海の支配者）、**ゼウス**（天空・気象の支配者）など、のちにオリンポスの神々となる子を次々と生ませます。しかし、自分もまた統治権を奪われることを恐れたクロノスは、生まれた子を次々と胃の中に呑み込んでしまいました。

◆父神を倒した最高神ゼウス

母レアの計略で唯一難を逃れたのが、末弟のゼウス。クレタ島で山羊の乳を飲んで成長したゼウスは、祖母ガイアの力を借りて、父クロノスの胃袋から兄弟姉妹を救い出し、クロノスを倒して、オリンポスの神々の時代が幕を開けます。

話し合いによって、ゼウスが天空を、ハデスが冥界を、ポセイドンが海を支配することになり、天空を支配するゼウスが最高神とされました。

ゼウス（ローマ神話では**ユピテル＝ジュピター**）は、姉・ヘラを正妻として、子**アレス**（戦いの神）をもうけますが、多情なゼウスは、いとこやいとこの子ども、さらには人間の娘とも次々に恋をします。

◆ゼウスは恋多き神

ゼウスといとこレトの間に生まれたのが、狩猟の女神・**アルテミス**と予言・音楽の神で太陽神でもある**アポロン**、同じくいとこであるメティスとの間に生まれたのが、アテナイの守護神・**アテナ**、いとこの子・マイアとの間に生まれたのが商人、旅人の神・**ヘルメス**。さらにゼウスは、人間セメレとの間に、ぶどう酒の神であり、演劇の神でもある**ディオニュソス**（ローマ神話ではバッカス）、同じく人間アルクメネとの間に、ギリシャ神話最大の英雄である**ヘラクレス**を誕生させます。

ギリシャ神話に登場する女神たちは、みな一様に嫉妬深いのですが、ゼウスの正妻・ヘラの嫉妬深さは並外れていて、ゼウスとその恋人たちの恋愛をことごとく妨害、彼女たちの姿を牝牛や牝熊に変えたり、焼き殺したりしてしまいます。ヘラクレスもヘラの嫉妬によって、苦難の人生を歩まされます。

◆人間臭いギリシャの神々

こうしたギリシャの神々の物語がどこか人間臭く感じられるのは、ひとつには、それが神官たちによってではなく、詩人のホメロス（紀元前9世紀頃）やヘシオドス（紀元前8世紀頃）によってまとめられたものだからであろう、と言われています。ギリシャには、こうした神話を宗教にまとめ上げる経典もなければ、そうした宗教組織もありませんでした。

もうひとつには、ギリシャの国土が独立した都市国家の連合体で、エジプトやメソポタミアにおけるような強大な帝国が成立しなかったことも関係しているかもしれません。強大な覇権のないところでは、国民をひとつに束ねる強大な神もまた、必要とされなかったのです。

その代わり、ギリシャでは他の世界に先駆けて発達したものがあります。それが哲学でした。

ギリシャ神話・ローマ神話に共通する神々とその呼称

ギリシャ神話では	ローマ神話では	英語読み	役割
ゼウス	ユピテル	ジュピター	天空の支配者で、あらゆる気象をつかさどる
ポセイドン	ネプトゥヌス	ネプチューン	海神。船乗りなどの守護神でもある
アプロディテ	ウェヌス	ヴィーナス	愛と美の女神。ローマの守護女神ともされる
アテナ	ミネルウァ	ミネルヴァ	勝利の女神で、アテナイ、ローマの守護神
ヘルメス	メルクリウス	マーキュリー	商人、盗賊の神。交通の神としても信仰された
アルテミス	ディアナ	ダイアナ	狩猟を支配する神。純潔・安産の神でもある
ディオニュソス	バックス	バッカス、バッコス	酒神であると同時に音楽・舞踏・演劇の神
ヘラクレス	ヘルクレス	ハーキュリーズ	英雄として活躍。のちに神々の列に加えられる

豆知識

ディオニュソスの秘儀…ぶどう酒の神として知られるディオニュソスは、その熱狂的な祭祀でも異彩を放っている。人々は陶酔状態で野山を乱舞して回り、動物の生肉を食べたりしたという。信者の多くは女性で、狂女（マイナデス）と呼ばれた。

謎007

哲学と宗教はどこが違うの？どんな関係にあるの？

●●●● 宗教と人間諸学の関係

「**哲学**」は、「知を愛する」という意味のギリシャ語「フィロソフィ」の日本語訳。人間とは何か、世界とは何かを、その根本から統一的・論理的に考察する知的探求そのものです。

◆「哲学」はギリシャ生まれ

哲学の創始者は、紀元前585年頃に小アジアのミレトスに生まれ、「万物の元は水である」と主張した**タレス**とされています。

紀元前5世紀後半には、ギリシャのアテナイに「無知の知＝自分は知らないということを知っている者こそが真の知恵者」と説いた**ソクラテス**が登場（のちに裁判にかけられ刑死）。その弟子であった**プラトン**、そのプラトンの弟子であった**アリストテレス**（紀元前384～322）に至って、現代につながる哲学の基礎が形づくられました。

◆哲学と宗教が求めたもの

哲学にとって究極の問いは、「**存在＝在るとは何か？**」ということです。宗教、特に一神教の世界では、「存在そのもの」である神によって人間を含めた万物が存在せしめられている、と考えます。これを信じるのが宗教的姿勢で、考察の結果そう確信するにいたるのが哲学的姿勢、と言ってもいいかもしれません。

「存在とは何か」に対する答えが「神」であれば、両者の間に矛盾は起こりません。実際、アリストテレスは、「**最高存在者は神**」と定義し、この神こそが「存在」のいちばん重要なカテゴリーである「実体」であるとしました。

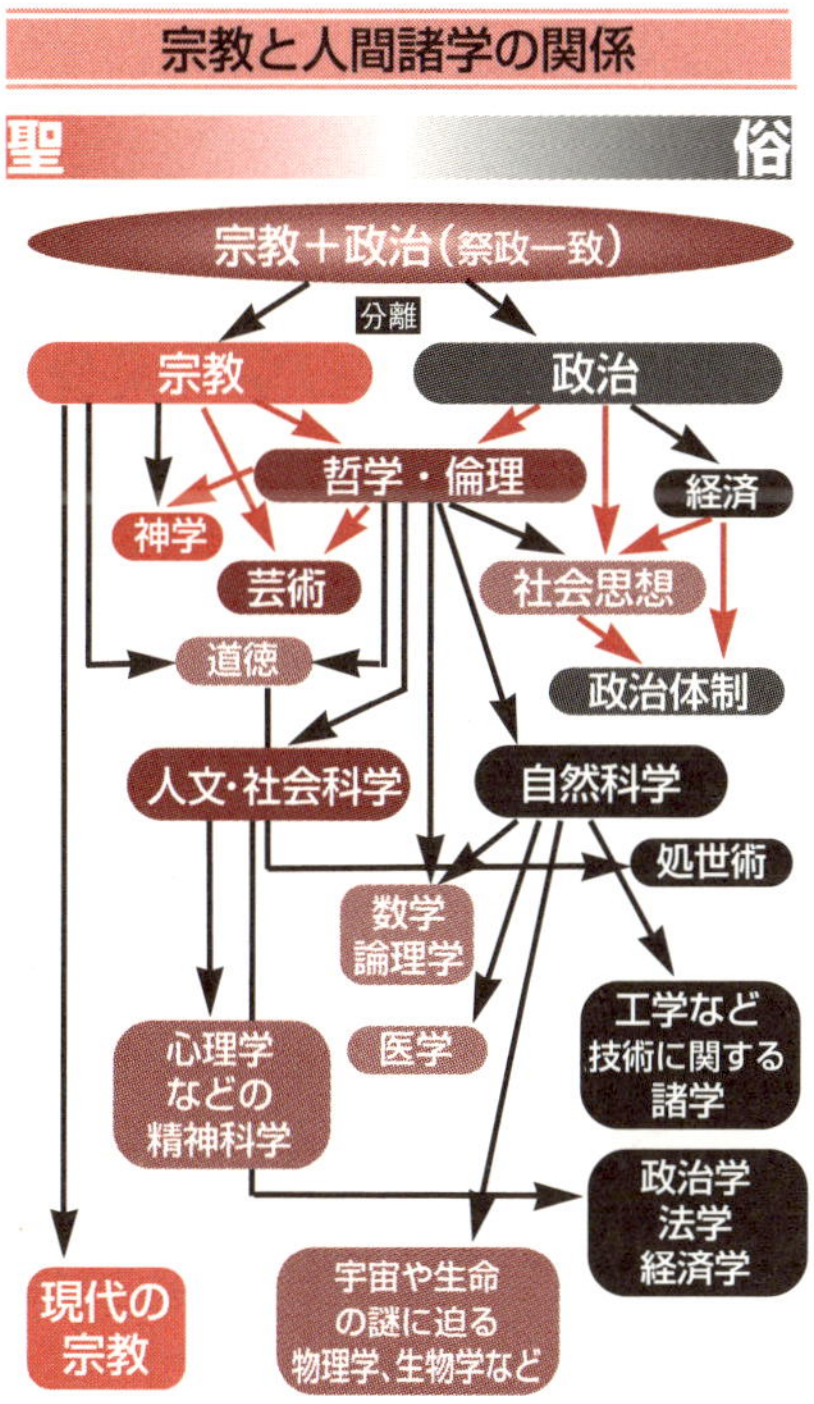

上図では、左に行くほど「聖なる領域＝宗教の領域」、右に行くほど「世俗の領域」となります。

その後、ヨーロッパ中に広がったキリスト教の神学は、長い間、アリストテレスの哲学と結びついて、独特の中世哲学を形成しました。

◆「神の死」の時代

こうした宗教と哲学の蜜月状態は、17世紀になって、**デカルト**を始めとする近世の哲学者たちが人間の理性や主観性を重視し始めるとともに、壊れ始めます。18世紀になると、**啓蒙思想**が「理性を中心とする人間の能力」によって古い迷信や旧弊を打破しようとする知的運動を展開し、やがてニーチェによって「**神の死**」が宣せられるに至ります。

以後、神は人間の願望の投影物にすぎないとする**マルクス**らの**唯物論**、人間の意識の闇を照らし出そうとする**フロイト**らによる**精神分析学**、さらには、未開社会の分析などを通して宗教や神の構造を明らかにしていく**文化人類学**的アプローチなども登場して、宗教と哲学が歩む道は、大きく分かれることになりました。

謎**008**

宗教と科学や政治の世界は、どう関係し合ってるの？

●「聖」と「俗」の分離が進んだ近代

人間はサルから進化した生き物である——これが科学的真実であることは、いまでは小学生でも知っています。

政治も政治の論理で動くもので、神のご託宣などによって左右されるものではない——これも、現代社会では常識になっています。

しかし、近代以前ではそうではありませんでした。

◆地動説を否定した教会

たとえば地球が太陽の周りを回っていると主張したイタリアの科学者、**ガリレオ・ガリレイ**（1564～1642）は、当時のカトリック教会から異端審問に付され、幽閉状態に置かれてしまいます。

政治の世界はどうだったでしょう？　古代社会では、政治的指導者（国王など）が、宗教的指導者（シャーマンや司祭など）を兼ねていた、と前にお話しました。中世になると、西欧では、世俗の権力（国王など）が宗教的権力（カトリック教会）からは独立した形で成立しました。

しかし、教会の権威は依然として強く、国王の結婚や離婚、社会・政治思想などは、ローマ法王庁の監視下に置かれていました。

「宗教＝聖」の世界が、科学や政治といった**世俗の世界**をも統合し、支配するという形が、中世から近世にかけて続き、やっと近代（18世紀の啓蒙思想と市民革命以降）になって、両者が分離されることになりました。

◆「聖」と「俗」の分離

「**聖**」と「**俗**」の分離とは、世俗は世俗の論理で動くことができるようになった、ということです。科学は科学の論理によって、政治は政治の論理によって、神の意思や教会の意向とは関係なしに動き始めます。その結果、科学技術は目覚しい進歩を遂げ、産業は発展し、資本主義や社会主義といった新しい社会・政治体制が生まれていきます。

神の支配力（宗教の力）は、それを信仰する心とともに、少なくとも、政治・経済・学術・産業などの世界からは追放され、個人的な心情の中で生きることを余儀なくされます。

◆宗教の世俗化

その個人的な心情さえ、日常の大部分を世俗の論理（政治的信条や仕事の論理など）に支配されていますから、下手すると宗教は、結婚や葬儀といった儀式・祭礼のときにだけ意識される「伝統的文化」という地位に貶められてしまいます。「**宗教の世俗化**」と呼ばれる現象です。「葬式仏教」などと言われる日本の仏教も、まさにその状態、と思えばいいでしょう。

これではいけない、という声が、当然、宗教の側から起こってきます。それが、世俗への反発や世俗からの分離、という形で現れたのが、次項で取り上げる「**原理主義**」です。

宗教＝聖と世俗の関係

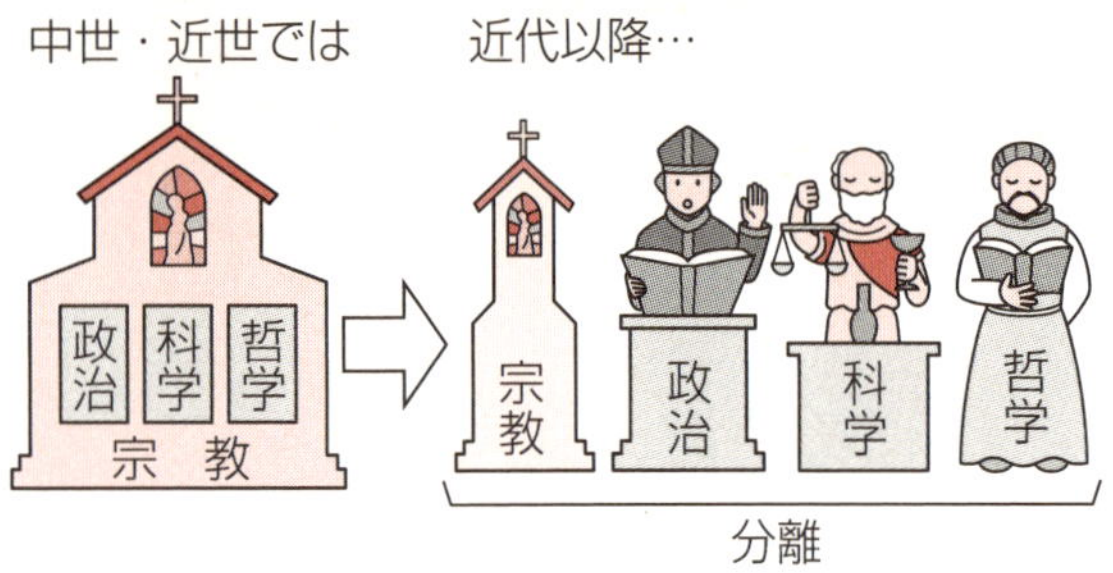

近代以前は、宗教が政治や科学などの諸学を統括して、総合的な価値を付与していました。しかし、近代以降は、両者が分離されて……。

謎009

アメリカの保守的キリスト教徒はなぜ「進化論」を嫌うの？

自由の国アメリカでくすぶる原理主義

「原理主義」と聞くと、すぐにイスラム過激派が頭に浮かぶかもしれませんが、そもそも**「原理主義（ファンダメンタリズム）」**という言葉を最初に世界に登場させたのは、アメリカのキリスト教徒（プロテスタント）でした。

◆公教育から進化論を追放？

最近もニュースで取り上げられたりしていますが、アメリカの保守的プロテスタントの中には、ダーウィンの進化論を公教育の場で教えるべきでない、などと主張する人たちがいます。人間は神が創ったという聖書の教えに反するから、というわけです。

こうした主張の論拠になっているのが**「聖書の無謬性」**、つまり、聖書に書いてあることは一字一句まで、その通りの事実であり、人間がいろいろに解釈すべきではない、という考え方です。

◆世俗の価値観と対立

先の項で「聖」と「俗」の分離ということをお話ししましたが、原理主義者たちにはそれが許せないのです。彼らは、世俗の論理や価値観を汚れたものとして敵対視し、自分たちの信仰の純粋さを貫こうとします。

汚れた世俗の代表として敵対視の対象になったのが、ダーウィンの**進化論**であり、フロイトの**精神分析**であり、**共産主義**であり、**妊娠中絶**であり、最近では**フェミニズム**や**同性愛**。イスラムやカトリックも異教として悪魔扱いされ、ときには政治そのものが汚れたものとして嫌われたりもしました。

こうして世俗の価値観と対立し、宗教の原点に立ち返れ、と叫ぶ運動全般が、「原理主義」と呼ばれるものです。

◆ピューリタンが描いた理想

アメリカと言えば、私たちは合理主義の国、自由な言論の国、人種や文化の多様さに寛容な国、というイメージで見てしまいますが、実は、国民の半数近くが、こうした原理主義的で保守的な人たちで占められている、という事実も、知っておく必要があります。

なぜ、アメリカで、それもプロテスタントの間で、「原理主義」が芽を出したのか？　その疑問を解く鍵は、アメリカの建国の事情にあります。

ご存じの通り、アメリカは移民によって作られた国。その最初の一歩を踏み出したのは、「理想の神の国」の建設を目指したイギリスの**ピューリタン**（清教徒）たちでした。ピューリタンとは、当時のイギリス国教会（カトリックから分離）を堕落した存在と見て立ち上がったプロテスタントの一派。「**聖書に返れ**」をより純粋に突き詰めようとした人たちでした。

しかし、実際にアメリカの独立にあたって、憲法を起草したジェファーソンや初代大統領ワシントンなどは、リベラルな思想を持つ啓蒙主義者。以後のアメリカは、政教分離の原則のもとに民主主義の政治を推し進めます。

政教一致を目指したピューリタンたちの理想は、原理主義の萌芽を宿したまま、自由の国アメリカの底流でくすぶり続けることになるのです。

人間はサルから
聖書には
そんなこと
書いてません

豆知識

「道徳的多数派」とは？…アメリカの原理主義者がユダヤ教、カトリックの保守派をも巻き込んで組織した保守連合組織。80年の大統領選にあたって、家族的価値の擁護・中絶反対・宗教教育の強化を訴えてレーガンを支持。勝利を勝ち取った。

謎010

アメリカのキリスト教界は、なぜ政治に口を出すの？

アメリカ原理主義の政治姿勢

原理主義の立場から見れば、「汚れた」と映る世俗の世界。そんな世俗に対してとる宗教的態度は、2通りに分かれます。

◆世俗から離れる原理主義

ひとつは、そんな汚れた世界には近づかないで、純粋な信仰の世界を守ろうとする態度です。世俗の代表である政治などには関与せず、極端な場合には、電気や自動車といった近代文明さえ拒否して暮らす、それが神の道に沿うことだとする考え方まで登場します。

映画『刑事ジョン・ブック　目撃者』の中で、17世紀の質素な暮らしを守り続ける「アーミッシュ」という宗派の人々の生活が描かれていますが、これもその極端な例のひとつと言っていいでしょう。

◆世俗に乗り出す原理主義

もうひとつは、逆に、汚れた世界を浄化しようと、積極的に教化に乗り出す態度です。こういう態度をとる人たちの理想は、政教一致による神の国の建設ですから、政治にも積極的に口を出します。その場合、これが一神教的善悪二元論の特徴でもあるのですが、排撃しようとする世俗主義を猛烈に、ときには「サタン＝悪魔」呼ばわりして攻撃します。

◆その芽は宗教改革当時から

原理主義におけるこの2通りの姿勢は、キリスト教界がプロテスタントとカトリックに分かれた16世紀の**宗教改革**（謎024参照）の段階で、すでにその芽をのぞかせていました。

最初に宗教改革の烽火を上げた**マルチン・ルター**は、「聖書の世界への回帰」を唱えるとともに、「罪深い現世の政治は神が支配する教会とは相容れないものだから、両者は分離されるべき」と説きました。その後に現れた**ジャン・カルヴァン**は、「キリスト教徒は政治に積極的に関与することで、現世において神の国を実現すべき」と説きました。

◆時代の節目になると過激に

アメリカのプロテスタント原理主義は、リベラル派のキリスト教徒たちと絶え間ない論争を繰り広げながら、この2通りの生き方の間を揺れ動いてきたように見えます。

そして、世の中が大きく変貌する節目、たとえば、1900年代に入って大量のカトリック系移民がアメリカ社会に入ってきた時期、第一次世界大戦後の混乱、彼らの目に「道徳的退廃」としか映らなかった60年代以降の新しい文化（ヒッピー、ロック、性の解放、フェミニズムなど）の時代になると、原理主義はその攻撃的な性格を強めてきました。

かつてのレーガン政権や現ブッシュ政権は、そうして原理主義的性格を強めたキリスト教保守派層を支持基盤に抱えています。対イラク戦争を「正義の戦い」と叫んだりするブッシュの発言が、ときに「宗教的」と感じられるのは、そのせいかもしれません。

豆知識

悪の枢軸、十字軍…1991年の湾岸戦争のときには、先代のブッシュが多国籍軍を「十字軍」と呼び、現ブッシュ大統領もイラン・イラク・北朝鮮を「悪の枢軸」呼ばわり。世界を簡単に「善」と「悪」に分けてしまうのも、原理主義的体質の特徴だ。

謎011

イスラムの原理主義はどうやって生まれたの？

イスラムの近代化と原理主義

世俗主義に対抗して宗教の原点に帰れ、と主張する点では、イスラムの原理主義もキリスト教原理主義と変わりありません。違っているのは、イスラムにおける「世俗」というのが、主として西欧世界から持ち込まれた近代文明であった、ということです。

◆近代化の3つの流れ

イスラム世界の近代化には、大別すると3つの流れがありました。

①**西欧文明を積極的に取り入れること**によって近代化を進めようとする動き。

②社会主義的思想や政策と民族主義が結びついた**世俗民族主義の動き**。

③イスラム法による国家運営を目指す**原理主義の動き**。

この3つです。

◆エジプトでは

19世紀から20世紀前半にかけて王政下にあったエジプトは、①による近代化を推し進めようとしていました。

これに対して宗教指導者（**ウラマー**）たちは、西欧による植民地化に脅威を感じながらも、西洋の科学文明とイスラムの両立を図り、イスラムの法や政治概念を近代制度に合致するよう解釈し直そうとする改革主義の立場をとっていました。

◆イランでは

イランも、当時は、カージャール朝による王政下にありました。19世紀から20世紀初頭にかけて、イランの知的エリート層は、西欧文明を取り入れた立憲政府の樹立を目指し、ウラマーたちは、これを指示するリベラル派と反対する保守派に分かれていました。

以後、リベラル派による立憲政府の樹立→保守派による反革命→立憲派による巻き返しを繰り返しましたが、第一次世界大戦後、英国の後押しを受けた軍人**レザー・シャー**がクーデターを起こして、共和国を樹立。のちに王政に移行して、**パフラヴィー朝**が成立します。

このパフラヴィー朝は、1979年にホメイニによる「**イラン革命**」で倒されるまで、経済開発、軍事力強化、イスラム文化の排除を柱とした近代化政策を推し進めます。

◆アラビア半島内部では

一方、当時はまだオスマン帝国の領土であったアラビア半島内部（いまのサウジアラビア）では、イランやエジプトとはまったく違った宗教改革運動が展開されていました。

提唱者はムハンマド・ブン・アブドゥル・ワッハーブ。「**預言者の時代の純粋なイスラムに回帰せよ**」というのが、その主張でした。

イスラム神秘主義、イスラム聖者や聖地に対する偶像崇拝の排除を訴え、帝国主義的進出を図る西洋世界や西洋的近代改革に走ろうとするイスラム勢力に激しい敵意を燃やすその思想は、のちのイスラム原理主義の源流ともなりました。

このワッハーブ派の原理を取り入れた世俗権力者イブン・サウドは、19世紀初めに第一次ワッハーブ王国を建国。のちにエジプトとの戦いに敗れて、王国はいったん崩壊しますが、イブン・サウドの末裔が王国を再興して、現在のサウジアラビアに至っています。

豆知識

サラフィー主義…預言者ムハンマドが語った「最善はわが世代、次善はその次の世代」という教えに基づいて、初期イスラムの原則・精神に回帰せよ、と説く思想。エジプトのラシード・リダーが提唱し、後の原理主義運動に影響を及ぼした。

謎012 イスラム原理主義はなぜ、暴力に走ったの？

世俗民族主義とイスラム原理主義

西欧文明を取り入れた近代化路線とイスラム主義による改革路線――この2つの路線に決定的な変化をもたらしたのは、20世紀初頭のトルコ革命でした。

◆世俗化政策に反発

1923年のローザンヌ条約によって成立したトルコ共和国は、伝統的なイスラムの教育制度であったマドラサの廃止、政教分離の教育制度導入、宗教法廷の廃止、さらには女性のヴェール着用禁止など、徹底的な世俗化政策を推し進めました。

エジプトでも、当時の知識層は世俗化による近代化に傾いていましたが、こうした動きに危機感を覚える層の中から、「**反西洋＝イスラムの原点に回帰せよ**」という思想が登場し、1928年には、ハサン・アル・バンナーによって、のちの原理主義団体の母体となる組織「**ムスリム同胞団**」が結成されました。

「ムスリム同胞団」の運動は、当初、教育や福祉の活動を主体としていましたが、組織が大きくなるにつれ、中から政治闘争に走るものも現れ、1948年には組織の一部メンバーが首相を暗殺してしまったため、バンナーも秘密警察によって暗殺されてしまいます。

◆英雄ナセルの民族主義

第二次世界大戦期の混乱を経て、エジプトにひとりの英雄が現れます。1952年に王政を打破し、1956年に大統領に就任した**ナセル**です。

ナセルは、当時、英国が権益を握っていたスエズ運河を国有化し、第二次中東戦争で政治的勝利を勝ち取ると、アラブ民族主義を標榜して、1958年にはシリアとの間で**アラブ連合共和国**を結成します。

ナセルの思想は、イスラム原理主義とは一線を画した**世俗民族主義**でした。「宗教といえども国家に服従すべき」と説くナセルは、イスラムに基づく国家運営を求める「ムスリム同胞団」と対立して同団を非合法化。地下に潜った活動家のひとりが、1954年にナセル狙撃を企てたことから、同団に対して徹底的な弾圧・虐待を加えます。

◆「ジハード」の登場

一時は協力関係にもあったイスラム原理主義と世俗民族主義ですが、この弾圧をきっかけに、原理主義側の世俗主義に対する反感が一気に高まりました。そんな中に登場したのが、「原理主義の父」と呼ばれる**サイイド・クトゥブ**です。

クトゥブは、西洋近代文明ばかりでなく、宗教弾圧に走るイスラム教徒の世俗民族主義の中にも「**ジャーヒリー**（イスラムの教えから離れた無明社会）」が紛れ込んでいるとして、それらとの「**ジハード**（聖戦）」は神への義務であると主張しました。クトゥブはやがて、ナセルによって処刑されてしまいますが、その思想は、のちのイスラム原理主義過激派やオサマ・ビン・ラディンらに大きな影響を与えたのでした。

謎013 原理主義からテロ活動が生まれた理由は？

転機となったキャンプ・デービッド合意

ナセル大統領の民族主義は**社会主義**と結びついて、イスラム世界の民族主義にひとつの流れを作りましたが、1970年に、ナセル急死の後を受けてエジプト大統領に就任した**サダト**は、ナセルの社会主義から一転、**市場経済への移行**を目指して、対米接近を図ります。

そして、1978年の**キャン**

豆知識

キャンプ・デービッド合意…1978年、アメリカのカーター大統領の仲介で、エジプトとイスラエルが接近。エジプトはシナイ半島を取り戻すのと引き換えにイスラエルを国として承認し、翌年、平和条約を締結。他のアラブ諸国から反発を買った。

プ・デービット合意を経て、翌年、イスラエルとの間に平和条約を締結。イスラム世界に衝撃が走りました。

◆サダトの暗殺

サダトは、国内的には、拘禁中のムスリム同胞団のメンバーを釈放するなど、イスラムのアイデンティティを重視する姿勢をとっていましたが、この平和条約締結に反発した反対派を一斉検挙するなどしたため、その宗教的ポーズは便法であるとみなされ、1981年9月、原理主義組織のひとつである「ジハード団」によって暗殺されてしまいます。

◆イスラム内部の敵を倒せ

「ジハード団」の理論的指導者は**ムハンマド・ファラジュ**。ファラジュの思想は、前出のクトゥブの思想をさらに攻撃的にしたもので、「外敵との戦いを始める前に、**まずイスラム内部の敵を倒せ**」と主張して、以後のテロ活動に口実を与えることになりました。

サダトの死後、政権を掌握した**ムバラク大統領**は、穏健化したムスリム同胞団の政治進出を認めるなどの懐柔策を打ち出しました。

しかし、国内の貧富の差の拡大などを背景に過激勢力はその影響力を保ち続け、1997年には、**「イスラム集団」**がルクソールで外国人観光客を襲撃するという事件を起こしました。その「イスラム集団」の青年たちが師と仰いでいたオマル・アブドルラハマンは、のちにアメリカに秘密入国し、1993年に世界貿易センタービルの爆破事件に関わって逮捕、現在、終身刑に服しています。

この「ジハード団」や「イスラム集団」の幹部や青年たちは、ソ連がアフガニスタンに侵攻すると、義勇兵としてアフガン戦線に参加。ビンラディンらにも影響を与えることになるのです。

イスラム原理主義の抗争史

★はテロ事件です

イスラム世界の出来事	年	年	原理主義の動き
アラビア半島に第1次ワッハーブ王国成立	1803		アラビア半島内部で、ワッハーブが提唱するイスラム改革運動進む
カージャール朝下のイランで憲法制定を求める運動	1906		
第一次世界大戦	1914〜1918		
イランで、軍人レザー・シャーがクーデター。共和制国家樹立	1921		エジプトでラシード・リダー、初期イスラムの教えに帰れ、と説く
イギリス、一方的にエジプトの独立を宣言。権益は保持	1922		
トルコ、連合国とローザンヌ条約を締結。トルコ共和国成立	1923		
イランにパフラヴィー王朝。国民に西洋服の着用義務づける	1925		
		1928	エジプトで、ハサン・アル・バンナー「ムスリム同胞団」を結成
サウジアラビア王国成立	1932		
		1941	パキスタンで、マウドゥーディーが原理主義団体「ジャマーアテ・イスラーミー」創設
第二次世界大戦	1939〜1945		
国連、パレスティナ分割案を採択	1947		
イスラエル、独立を宣言	1948		
		1954	★「ムスリム同胞団」のメンバーが、エジプトのネクラーシ首相を暗殺
第一次中東戦争	1948〜1949		
エジプトでナセルがクーデター。王制倒す	1952		
		1954	★ナセル、「ムスリム同胞団」を非合法化。同年、同団のメンバーがナセル狙撃事件起こす
ナセル、エジプト大統領に就任。スエズ運河国有化を決断	1956		
第二次中東戦争	1956〜1957		
アラブ連合共和国結成	1958		
		1963	イランでホメイニ、国王批判の演説。翌年、国外に追放
アラブ首脳会議で、PLO（パレスティナ解放機構）発足	1964		
		1966	エジプトの原理主義指導者、サイイド・クトゥブ処刑
第三次中東戦争	1967		
ナセル急死。サダト、エジプト大統領に。	1970		
第四次中東戦争	1973		
		1977	エジプトの原理主義組織のメンバーがザハビー元宗教大臣を殺害★
キャンプ・デービッド合意	1978		
イスラエル・エジプト平和条約	1979	1979	イラン革命成立。ホメイニ帰国
ソ連、アフガニスタンに侵攻（アフガニスタン紛争）	1979	1980	イラン・イラク戦争勃発（イラン・イラク戦争）
ムバラク、エジプト大統領に就任	1981	1981	原理主義組織「ジハード団」のメンバーがサダト大統領暗殺★
		1988	イラン・イラク戦争停戦
ソ連、アフガニスタン撤退	1989		
イラク、クウェートに侵攻	1990		
湾岸戦争	1991		
パレスティナ暫定自治協定調印	1993	1993	世界貿易センタービル爆破事件★
第一次チェチェン戦争始まる	1994		
		1995	パキスタンのエジプト大使館爆破事件★
アフガニスタンにタリバン政権	1996		
		1997	エジプトのルクソールで「イスラム集団」のメンバーが観光客襲撃★
第二次チェチェン戦争始まる	1999		
アメリカ、アフガニスタンを報復攻撃	2001	2001	アメリカで同時多発テロ発生★
		2002	モスクワの劇場をチェチェン武装勢力が占拠。鎮圧で130人が死亡★
米英によるイラク戦争	2003		
		2004	スペインで列車4本同時爆破テロ★
		2005	インドネシア、バリ島のレストランで同時爆破テロ★

豆知識

オサマ・ビン・ラディン…サウジアラビア生まれ。ワッハーブ主義の教育を受けて育ったが、湾岸戦争で母国がアメリカ軍の駐留を受け入れたことに反発。アフガニスタンで対ソゲリラに参加して、ジハード団の思想に触れ、テロに傾倒していく。

謎014

同じイスラム教国なのに、イランとイラクはなぜ戦ったの？

イスラム内紛争とその原因

イスラムには、シーア派とスンニ派という大きな2つの教派があります。

その違いについては、第2章で解説しますが、ここまで触れたエジプトやサウジアラビアなどはスンニ派が多数を占める国、イランはシーア派が多数を占める国、イラクは北部ではスンニ派が、南部ではシーア派が多数を占めますが、政治・社会の実権はスンニ派が握っている国です。

◆イラン・イラク戦争の勃発

そのシーア派の国・イランとスンニ派が実権を握る国・イラクの間で、1980年から1988年まで、実に8年にも及ぶ戦争が勃発します。一見、この戦争は、そのスンニ派とシーア派の間の宗教戦争のように見えますが、本質はまったく別のところにありました。

◆ホメイニのイラン革命

謎011の項目で触れたように、1925年に成立したイランのパフラヴィー王朝は、英米の協力のもと、イランの近代的な大国化を目指して、イスラム文化の排除、軍備の増強、経済開発、婦人に参政権を与えるなどの**白色革命**を推し進めます。

そんな国王の政策を「イスラムの敵」として糾弾したのが、聖都コムの**マドラサ**（イスラムの高等教育機関）で教えを説く宗教指導者、ホメイニでした。

ホメイニは、度重なる国王批判のために国外追放となりますが、イラク南部のシーア派の拠点ナジャフに居を移して、国外から国王批判を続けます。

イラン国内でも、1975年以降、学生デモが激化。1978年のデモでは学生70人が死亡して、戒厳令布告の事態に。ホメイニはイラクから「王制打破」の命令を出し、ついに国王は国外に脱出して、革命が成立します。帰国したホメイニは「**イスラム法学者による支配**」をめざして「イラン共和党」を結成、世俗民族主義グループとの権力闘争の末、1981年には、イラン共和党が単独政権を獲得しました。

◆イスラム革命に脅える諸国

この動きに脅威を感じたのが、周辺の世俗国家でした。特に自国内にシーア派を抱えるイラクは、イスラム革命が自国に浸透することを恐れ、他の中東諸国の後押しも受けて、イラン攻撃に踏み切ったのでした。

イラクの指導者、サダム・フセインが率いるバアス党は、民族主義と社会主義を合体させたような世俗政党で、その政治姿勢はどちらかというと反イスラム的でした。

イスラム革命の波及を恐れる米英は、フセインのイラクに武器を援助するなどして肩入れし、イランを押さえ込もうとします。しかし、この援助が独裁者・フセインを太らせ、怪物として育ててしまったことが、のちの湾岸戦争を引き起こす遠因ともなってしまいました。

◆英米のご都合主義

アフガニスタンでも、英米は当時のソ連と対抗するために、アフガン・ゲリラを支援しますが、その中には、エジプトから義勇兵として参加していた「ジハード団」「イスラム集団」の過激派やオサマ・ビン・ラディンも含まれていました。

イスラム問題を複雑にしている背景には、宗教的態度や思想に関係なく、そのときの都合に合わせて諸勢力を利用してきた英米の、こうしたご都合主義が陰を落としていることも、忘れてはいけません。

第2章
アブラハム宗教の謎

世界三大宗教のうちの2つ、キリスト教とイスラム教、
それらの源流となったユダヤ教。
この3つの宗教は、
実は、同じ神様を信仰する兄弟同士。
まとめて、アブラハム宗教とも呼ばれます。
兄弟同士なのに、なぜか憎み合い、殺し合い……。
いったい何が原因なのでしょうか？
3宗教の歴史とその教義を比較して、
その理由を探ってみましょう。

▶ 世界の宗教の謎 015~044

謎015

ユダヤ教、キリスト教、イスラム教。信じる神は同じってホント？

●●●●アブラハム三宗教のルーツ

『聖書』という書物を知っていると思います。英語ではバイブル。キリスト教とユダヤ教の聖典であることもご承知でしょう。聖書は、『新約聖書』と『旧約聖書』に二分されていて、新約聖書は主にキリスト教徒に読まれ、旧約聖書は主にユダヤ教徒が読む内容になっています。「旧」とついているくらいですから、旧約聖書のほうが古い時代に書かれています。

◆創世記に出てくるアブラハム

このページで取り上げるのは、旧約聖書の最初に出てくる《創世記》についてです。天地創造やアダムとイブ、ノアの箱舟などの有名な話が載っている書ですが、その中に、「ヤハウエ」という唯一神を信じたアブラハムという男の話が出てきます。ここを読めば、唯一神というのがどういう性格の神であるのかが、ほぼ理解できるかと思います。そしてこのアブラハムこそ、ユダヤ教・キリスト教・イスラム教の三宗教が、共通して「信仰の祖」とする偉人でもあるのです。

◆突然現れて命令する神

旧約聖書（創世記12～25章）によれば、アブラハムの登場は紀元前2000年頃のことです。彼は牧羊を営む民を率いる族長で、最初はアブラム（偉大なる父）と名乗っていました。

その当時の人々は、過去から伝承された伝説的族長を「神」と仰いでいましたが、ある日突然、アブラムに天から声が届き、「カナンの地（現パレスチナ）に行け」と命じられます。アブラムはその神の名前すら知りませんでしたが、神の指示に従い、ウルの町（現イラクのユーフラテス川のほとり）から、一族を率いてカナンの地に到着します。するとまた神が現れ、「あなたの子孫にこの地を与える」と告げます。

アブラムは、神の言葉を信じ、感謝のしるしに祭壇を築きます。再び現れた神は、アブラムに「カナンの全土を、あなたとあなたの子孫に永遠の所有として与える。以後はアブラハムと名乗りなさい。あなたは諸国の祝福の源になる」と伝え、「私の契約は、永遠の契約として、あなたがたの肉の上にしるさなければならない」と命令しました。アブラムはアブラハム（多くの国民の父）と改名し、神の命令に従い、男子の全員に割礼（男子の性器の包皮の先端を切り取ること）をさせました。

その後、神はアブラハムに「子どもを与えよう」と約束します。すると100歳のアブラハム、90歳のサライの夫婦に子どもが生まれ、アブラハムは、子どもをイサクと名づけました。すると神は、「そのひとり子を犠牲に捧げよ」と命じたのです。再びアブラハムは服従し、わが子を刺し殺そうとします。その彼を制止したのは神でした。これが有名な「アブラハムの契約」です。

◆絶対服従こそ信仰の理想像

現在の私たちにはにわかには信じられないエピソードです。しかし、ユダヤ教・キリスト教・イスラム教の信者は素直にこれを信じ、アブラハムの、神を信じ、服従した行いこそが信仰の理想像であると考えます。何故なのでしょう？

アブラハムに現れたのはヤハウェという神でした。「ヤハウエ」とは「在りて在るもの」という意味。つまり、神の名称を指す固有名詞ではなく、状態を表す普通名詞なのです。

この神は、人間に対して一方

豆知識

カナンの地…ユダヤ民族が神から与えられた「約束の地」。ペリシテ人が多く住んでいたことから「パレスチナ」と呼ばれる。カナンはパレスチナのごく一部で、現在のエルサレム一帯にあたる。

神はアブラハムにその子・イサクを「犠牲に捧げよ」と命じます。命じられるままにわが子を刺し殺そうとするとするアブラハム。その信仰の確かさを見て、神はアブラハムを制止します。

的に命令を下しますが、アブラハムが信じるままに服従すると、神は彼を気に入り、特別な能力を与え、子どもを授けました。「契約」を交わしたのも、アブラハムの信仰心を認めたからです。もしアブラハムが信仰による服従でなく、単に屈服したのであれば、神は祝福しませんでした。このように、ヤハウェは人と同じような性格を備えた「**人格神**」であり、「神に不可能はない」というほどの絶対的能力を所持した「**絶対神**」です。

またヤハウェは、この世界に存在する万物やあらゆる現象を創った創造主であり、空間的にも時間的にも無限の存在であるため、人間には見ることができません。しかし、人格神であるゆえに、信仰心の篤い人間には祝福を与えようと考えます。そこでアブラハムを預言者として選び、神の言葉をユダヤの民に伝えたのです。

◆神による契約の履行

さて、その後のアブラハムのことです。神は彼の信仰を「義（正しい）」としたので、「契約」を次々と履行することになります。イサクはヤコブ（後にイスラエルと改名）を授かり、ユダヤの民の祖となり、アブラハムとエジプト人の女奴隷との間に生まれたイシュマエルはアラブの民の祖になったのです。この時点で、アブラハムは文字通り「**国民の父**」「**諸民族の祝福の源**」となり、ユダヤ教・キリスト教・イスラム教の成立に多大な影響を与えることになります。

この「ヤハウェ」は、ユダヤ教ではそのまま「**ヤハウェ**」、キリスト教では「**イエスの父なる神**」、イスラム教では「**アッラー**」と呼ばれるため、異なる神のようにも思われがちですが、元をたどれば、三つの神は同じ神、つまりヤハウェなのです。そして、三宗教のうち、アブラハムをもっとも重要視しているのがイスラム教で、自ら「アブラハムの宗教」であることを明言しています。

謎016 神と人間の契約って、どんな契約？

契約宗教とは？

「アブラハムの契約」では、神が一方的に命令を下し、それに対しアブラハムは、信仰による服従で神に従いました。もしそこで神の命令に背けば、神は約束を反故《ほご》にしてしまったでしょう。そして、神が「義」としたアブラハムの信仰による服従は、信仰する側が、絶対神であり創造主である神の存在を認めることがなければ、できない行為です。

◆契約には2種類ある

一神教は、絶対的な存在である神と、その神の存在を信じる人間が、互いに契約を交わす「**契約宗教**」である、と言えるのです。聖書に登場する神との契約は、2つに分類することができます。

ひとつは、神からの一方的な恩恵を表す契約です。その代表が、「**アブラハムの契約**」です。神がユダヤの民にカナンの地を約束したこと、に象徴されていますが、カナンを目指したとき、アブラハムにはなんら果たすべき義務は課せられませんでした。

もうひとつは、神がユダヤの民に律法とそれを守る義務を命じた契約です。モーセが交わした「**シナイ契約**」がその典型例です（モーセについては次項で扱います）。

このように神との契約を大前提として、ユダヤ教・キリスト教・イスラム教は成立しているのです。

豆知識

とても厳しい旧約の神…『旧約聖書』に現れるヤハウェは厳しい「戒律の神」。アダムとイブを楽園から追放し、その子アベルを殺した兄・カインをエデンの東に追放し、ノアの大洪水を起こし……など、怒りと懲罰の連続で、人間に試練を課し続けた。

謎017

モーセも、ムハンマドも、みんな預言者だったの？

一神教で果たす預言者の役割

　ユダヤ教のアブラハムやモーセ、イスラム教のムハンマドは、いずれも神が遣わした預言者です。キリスト教の**イエス**も、イスラム教では預言者としています。ユダヤ教の創始者を律法の基礎を作ったモーセとすれば、三宗教の創始者は、いずれも預言者ということになります。

モーセの十戒に定められた戒め

①あなたには、私をおいてほかに神はいない。
②像を作ってそれを拝んではいけない。
③神の名をみだりに唱えてはならない。
④6日働いたら7日目は祈りのために休みなさい。
⑤あなたの父と母、祖先を敬え。
⑥殺してはならない。
⑦姦淫してはならない。
⑧盗んではならない。
⑨隣人に嘘をついてはいけない。
⑩隣人の家を欲してはいけない。隣人の妻、男女の奴隷、牛・ロバなどを欲してはならない。

◆律法の基礎、モーセの十戒

「**預言者**」とは、神の言葉を預かって人間に伝える者のこと。決して未来を予言する「予言者」ではありません。

　ユダヤ教の最大の預言者は、紀元前1300年頃に登場した**モーセ**です。イスラエルの民は、飢饉が原因でエジプトに移住し、400年間、エジプト人に奴隷として扱われました。その彼らを救ったのがモーセです。モーセはイスラエル人を率いてエジプトを出ますが、海の手前でエジプト兵に追い詰められ、そのとき神の声が下ります。

「あなたの杖を上げ、あなたの手を海の上に差し伸ばし、海を分けよ」（旧約聖書「出エジプト記」14章16節）。モーセがその通りにすると、海が真っ二つに裂かれる奇蹟が起きました。

　脱出に成功した一行がカナンに向かう途上で、神はモーセをシナイ山に呼び、「**十戒**」（十の戒律）を授けました。これが「**シナイ契約**」です。モーセの十戒は、のちにユダヤ教の律法の基礎となり、今日の欧米を初めとする国々の倫理・道徳の土台となりました（その内容は上段参照）。

　モーセ以後のユダヤの歴史は多難を極めますが、次第に「**律法主義**」に傾斜していき、祭儀の儀式などにもうるさくなり、守るべき戒律が613項目にもなり、律法を守れない民衆が増えました。

◆律法より信仰と説いたイエス

　イエスの誕生は紀元前4年頃です。当時はローマ帝国の圧政下にあり、ユダヤ教徒に反ローマの気運が高まり、**メシア**（救世主）を待望する声が高まっていました。32歳のとき、イエスは預言者ヨハネから洗礼を受けましたが、直後に「わたしの愛する子」とヤハウェに告げられ、「**神の子**」を自認して布教を始めます。預言者にして神の子・イエスは、律法を守ることよりも個人の信仰の尊さを力説したため、律法の厳しさに耐えられない民衆から多くの支持を得ました。

　しかし、それがためにユダヤ教の指導者は、イエスを神を冒とくする犯罪者と決めつけ、イエスは十字架にかけられて、35歳で死亡します。

　ユダヤ教は、イエスを預言者としても認めておらず、イスラム教は預言者としてのイエスのみを認めています（イスラム教の予言者ムハンマドについては別のページで）。

豆知識

タルムードとは？…西暦2世紀頃に成立。ユダヤ民族に伝えられてきた口伝の律法集。約400年間にわたって収録され、各律法の規定やラビ（ユダヤ教の指導者）たちの智恵などがまとめられている。聖書と並ぶユダヤ教のもうひとつの聖典。

謎018

ユダヤ教とキリスト教は同じ聖典を使っているの？

●●●● 旧約聖書と新約聖書の謎

「ユダヤ教の聖書は何ですか？」と質問されると、ほとんどの人は「旧約聖書」と答えるはずです。しかし、ユダヤ教徒は「聖書です」と答えます。どうしてでしょう？

◆なぜ旧約と新約があるか？

実は、**『旧約聖書』『新約聖書』**と表現したのはキリスト教であり、ユダヤ教が言うところの『旧約聖書』だけ（紛らわしいので本書では旧約聖書に統一）。そして、キリスト教は旧約聖書と新約聖書を合わせて**『聖書』**と呼びます。

旧約、新約の「約」は、神との契約を意味する「約」です。キリスト教はイエス・キリストが交わした契約が新しい契約で、ユダヤ教は古い契約に基づいた教えに過ぎないと考え、聖書を新旧に分けてしまったのです。このような経緯があるので、ユダヤ教が使う旧約聖書と、キリスト教のそれとでは、構成が少し違います。ちなみにユダヤ教では、旧約聖書と共に口伝の律法集の集大成である『タルムード』も、聖典としています。

謎019

旧約聖書、新約聖書には、何が書いてあるの？

聖書の構成

旧約聖書は39の文書から構成され、**第一部**は律法。ここにはすでにご紹介した「創世記」「出エジプト記」など「**モーセ五書**」と呼ばれる文書があり、天地創造からの歴史とユダヤ教の戒律が記されています。

第二部は預言書で、ユダヤ民族の歴史に焦点を当てた前半と、預言者の預言を中心とした後半に分けられます。**第三部**は神を賛美し、信仰の大切さを謳いあげる詩・雅歌・箴言・伝承などの文学、哲学的な思索を繰り広げる「ヨブ記」などを集成した、諸書となっています。

これらの文書は、古いもので紀元前1100頃から記述されたようですが、そのほとんどは伝承で、作者のこともわかっていません。一冊の書物としてまとめられたのは、ユダヤ人がバビロンに強制移住させられた紀元前597年のバビロン捕囚以後の時代です。

◆イエスの言行と弟子の書簡

新約聖書には27の文書が含まれています。まず、イエスの言行をまとめたマタイ・マルコ・ルカ・ヨハネの著作による四つの「**福音書**」。このうちヨハネ以外の弟子たちの筆になる3著を、内容が似ているため「**共観福音書**」と呼びます。続いて、イエスの弟子たちの活動を採録した「**使徒行伝**」、キリスト教の教義を確立したとされるパウロの書簡を収録した「**パウロの手紙**」などが続き、イエス・キリストから啓示を与えられて書いたとされる「**ヨハネの黙示録**」が最終章。これらの文書は西暦50〜140年頃に書かれたとされていますが、イエスが直接書いたものはありません。

キリスト教徒にとってはすべての文書が重要ですが、イエスの生涯やその思想を知りたければ「福音書」を、教義を確認したければ「パウロの手紙」を読むことをお勧めします。

聖書はこんな書物で構成

旧約聖書
＝
イエス誕生以前のイスラエルと神の契約について書いてある。

新約聖書
＝
イエス誕生後、イエスが示した神との新しい契約について書いてある。

- **福音書**　イエスの言行をまとめたもの
- **使徒行伝**　弟子たちの活動を記録したもの
- **弟子たちの書簡集**　弟子によるイエスの教えの解釈
- **ヨハネの黙示録**　終末について記された予言の書

謎020

「メシア」と「キリスト」は同じなの？違うの？

「救い主」に関するユダヤ教とキリスト教の解釈の違い

聖書には、「預言者」とともに「**救世主**」という言葉がたびたび登場します。文字通り、「この世を救うために現れる人物」を指す普通名詞ですが、一神教ではもっと広い意味を含む概念として使われています。

◆メシアはもう来たか？

ユダヤ教・キリスト教・イスラム教の「救世主」解釈は、三者三様です。ユダヤ教では「**未だに救世主は現れていない**」と考え、キリスト教では「**イエスが救世主**」とし、イスラム教では「**アッラーのほかに救世主は存在しない**」と主張して、互いに譲りません。

救世主のことを、ユダヤ教では「**メシア**（ヘブライ語）」、キリスト教では「**キリスト**（ギリシャ語）」としています。言語こそ違いますが、意味は同じ。なのになぜ、別の宗教として今日に至っているのでしょう？

◆高まるメシア待望論の中で

ユダヤ教では、この世の終末には神がメシアを遣わし、ユダヤ民族を救ってくれると教えています。しかし、ここで言う「救済」は、あくまでユダヤ民族の救済ですから、メシアのイメージも、戦いに強く、指導力に優れ、新たな王国を築いてくれる英雄…に近いものでした。

そうしたメシア待望の声が最高潮に達したのが、イエス誕生の時代でした。その頃、ユダヤ民族はローマの圧政下にあり、人々の間には、「偉大な預言者が現れて、われわれを救ってくれる」という期待感が満ち満ちていました。

◆イエスを排斥した理由

そこへ誕生したのが、イエスです。すわ、メシア到来か……の噂は、当時のユダヤ教指導者たちの間にも流れました。

イエスが布教を始めるのは、西暦28～30年にかけてです。しかし、イエスが説く教えは、ことごとくユダヤ教の教えと対立しました。

最大の対立点は、律法というものについての考え方の違いです。事細かに律法の遵守を求めるユダヤ教の指導者に対して、イエスは、「律法のために人があるのではない」と主張し、たとえば、労働をしてはならないとされる安息日に病人を治癒したり、律法を破った者や律法を守れない罪人にまで、神を信じて悔い改めれば救われる、などと説いてまわりました。

そんなイエスを「彼こそメシア＝キリストである」と信じる人たちが現れる一方、ユダヤ教指導者たちは、イエスを「メシアを騙る罪人」と考え、ローマ人に密告、十字架刑に処してしまいました。

イエスをメシア＝キリストと認める立場と、とんでもないとする立場、これがユダヤ教とキリスト教の根本的な違いです。ユダヤ教徒が『新約聖書』を認めないのも、イエスの言行を「福音」と称して載せているからなのです。

救い主をめぐる3宗教の考え方

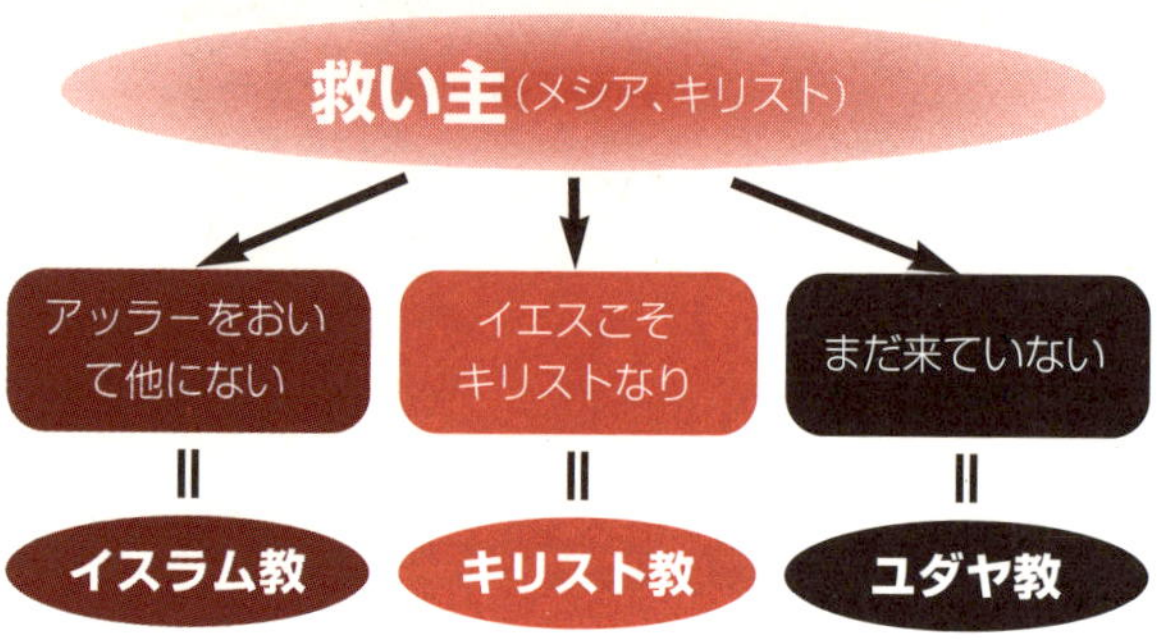

豆知識

イエスの誕生日…西暦１年生まれ、誕生日12月25日、は俗説。後世の調べによると、生誕年は紀元前4年頃、誕生日も12月25日とされたのは４世紀のローマの時代で、冬至の祭りの日に当てたもの、とされている。クリスマスの根拠は薄弱ということ。

謎021

キリスト教徒はなぜユダヤ人を迫害し続けたの？

●民族離散からホロコーストまで

「あなたの敵をも愛せ」と説くキリスト教ですが、ことユダヤ教徒に対しては、長い間、迫害の歴史を重ねました。なぜなのでしょう？

◆「選民意識」と「原罪意識」

イエスがユダヤ教徒によって十字架に架けられ、殺されたから――というのも、理由のひとつではあるでしょう。しかし、対立の根は、もっと深いところにあるような気がします。

ユダヤ教の最大の特徴は、律法主義と選民意識が表裏一体になっているところにあります。**「選民意識」**とは、イスラエル民族のみが神に選ばれた民であるとする意識で、神が与えた律法を遵守することによって、自分たちだけが**原罪**（豆知識参照）から救われ、神の国に迎え入れられると、考えていました。

これに対してキリスト教は、「原罪」を人間が生まれながらに負っている罪である、と考えます。言ってみれば、人間が持っているエゴそのものが罪なのだから、「**だれもが等しく罪人《つみびと》である**」とイエスは説き、ユダヤ人であろうとなかろうと、自分の罪を悔い改めて神を信じれば救われる、と説いたのです。

ユダヤ人たちにしてみれば、イエスの教えは、自分たちの優位性を否定する危険な思想と映りました。

◆嫌われた、金貸・ユダヤ人

ところが、このユダヤ人が、ローマとの戦いに破れて国を失い、各地に離散してしまいます。しかし、離散してもなお、ユダヤ人はその「選民意識」を捨てず、律法に定められた細かな生活習慣を頑に守ろうとしたために、離散先の社会にうまく溶け込むことができませんでした。

一方、離散先のヨーロッパの国々でも、ユダヤ人に土地所有を認めず、農業に就くことも禁じたので、仕方なく多くのユダヤ人が、キリスト教徒の嫌う金貸業に従事しました。その結果、富がユダヤ人に集中し、それがまた新たな憎悪を生むことになります。当時、金貸という職業がキリスト教徒の間で、どんなに嫌われていたかは、シェークスピアの戯曲『ヴェニスの商人』を見ても、わかります。

◆ホロコーストに至る道

ユダヤ人への迫害は、すでにローマ時代から始まっていましたが、11世紀になるとさらにエスカレート。12世紀には、ユダヤ人を隔離する居住区（**ゲットー**）が、初めてドイツに作られました。1881年には、ロシア皇帝暗殺事件に端を発した大虐殺（**ポグロム**）がロシアで、そして第一次世界大戦後のナチス政権下のドイツでは、なんと600万人ものユダヤ人が犠牲となった**ホロコースト**が起こって、歴史に大きな汚点を残すのです。

ユダヤ人迫害の歴史

66〜70年	ローマ軍による攻撃でエルサレム陥落（第1次ユダヤ戦争）
132〜135年	祖国を追われ、ヨーロッパ各地に離散（第2次ユダヤ戦争）
1171年	ヨーロッパに最初のゲットーできる
1179年	ユダヤ人に金融業のみ就業が許される決議がなされる
1215年	一部のユダヤ人、迫害を逃れて東欧に移住
15世紀半ば	スペインで数十万のユダヤ人が虐殺。さらに東欧方面の移住者が増大
1881年	ロシア・アレクサンドル2世の暗殺を端に大虐殺（ポグロム）が行われ、1921年まで続く
1894年	フランスでドレフェス事件。冤罪でユダヤ人が逮捕
1942年	ナチスによるホロコーストで600万人が大虐殺
1948年	イスラエル建国

豆知識

原罪って何？…ユダヤ教では、禁断の木の実を食べたアダムとイブの「人間が犯した最初の罪」を指すが、キリスト教では「人間が生まれながらにして負っている神への罪」と解釈。イエス・キリストを「人類の原罪を贖う存在」ととらえる。

謎022

ローマ・カトリックとギリシャ正教会はどうして分かれたの？

東西ローマの分裂と教会大分裂

西暦392年、時のローマ皇帝・テオドシウス一世によって、キリスト教はローマ帝国の国教になります。当時の教会は長老たちによって指導され、重要な教義などに関しては、各地の主教が一同に会する「**公会議**」で決定されていました。その中の二大勢力が、コンスタンティノープルとローマでした。

◆東西教会の大分裂

ところが、395年、ローマ帝国は東西に分裂してしまいます。西のローマ教会と東のコンスタンティノープル教会は、この頃から、教義などをめぐって度々対立するようになり、ついに1054年、お互いを破門しあう事態に至って、西の**ローマ・カトリック教会**と東の**東方正教会**（ギリシャ正教会）に大分裂してしまいました。

西ローマ帝国の滅亡（476年）後、フランク王国の後押しを受けたローマ・カトリック教会は、9～11世紀にかけてヨーロッパ全域に勢力を拡張、一大封建領主として君臨するようになりました。

しかし、そのことが教会の腐敗を進めることにもなり、ヨーロッパの各地で抗議運動が起こります。これが**プロテスタント**。その後の**宗教改革**（次項で解説）によってカトリックとプロテスタントに分裂してしまいます。

謎023

キリスト教三大勢力は、どこがどう違うの？

それぞれの教会のあり方

カトリックの特徴は、ローマ教皇→司教→神父（司祭）→信者と、聖職者の役割を重視するピラミッド型の組織構成にあります。最高権力者の教皇はイエス・キリストの代理人、神父は神と信者の仲立ちの役割を担う聖職者とされます。また、聖書のほか儀式・伝統などを重視するのも特徴です。

プロテスタントには、カトリックのような巨大な組織はなく、数多くの教派が、互いに教義の違いを尊重し、独自に活動しています。神のもとでは万人が平等であると考えるので、聖職者も置かず、牧師と信徒が共に肩を並べて神に祈りを捧げます。『聖書』の教えに忠実に従うことを信仰の中心に掲げ、敬虔・質素・倹約・清浄などをモットーにした教派が、多数を占めます。

◆神秘性残す東方正教会

東方正教会は、東ローマ皇帝の国家権力と教皇の宗教的権威を一体化させた「**皇帝教皇主義**」で発展し、各民族の文化を巧みに取り入れた政策を実行したことから、ロシア正教・ルーマニア正教・セルビア正教などの自治的な正教会が、東ヨーロッパや東地中海の各国に定着するようになりました。

原始キリスト教の姿を色濃く残すと言われる東方正教会では、教会の儀式も、香炉がたかれる中で神秘的かつ厳粛に行われ、キリスト・聖母・聖者たちが描かれた**イコン**（聖像画）が礼拝の対象になっています。

豆知識

イコンって何？…ギリシャ正教会で祀るイエス・キリスト、聖母、聖徒、殉教者などを描いた聖画像。東方正教会圏の諸国では、教会だけでなく、一般家庭にも祀られ、信仰の対象として広く浸透している

謎024 宗教改革はいつ、どうして起こったの？

教会の権威に反旗を翻した2人

16世紀初頭、ローマ・カトリック教会はサン・ピエトロ大聖堂の建設資金集めのため、「**免罪符**」を発行しました。「金を払えば免罪符が発行されて、罪を免除する」というものです。

◆ルターが唱えた改革とは

これに反旗を翻したのが、ドイツの修道士**マルティン・ルター**です。免罪符などでは罪は贖《あがな》えないとして、1517年、教会の扉に「**95か条の提題**」を貼り付け、教会を批判しました。「信仰のみが神から正しいものと認められ、人は救われる」「聖書のみが至上の権威であり、信仰の根拠である」「聖職者も平の信徒も、神の前では平等である」というルターの主張は、初期キリスト教精神への回帰であると同時に、カトリック教会の権威と伝統主義への徹底否定でもありました。

ルターの主張は急速に広まり、民衆や教会に不満を持つ領主たちから支持されるようになります。これが有名な「**宗教改革**」の始まりです。ルターは教会から破門され、国外に追放されましたが、彼を支持する領主に庇護され、ドイツ語訳の聖書を完成させます。

◆改革を後押しした印刷技術

すでにグーテンベルク発明の印刷技術が普及していたこともあって、人々は、各国語訳の聖書を聖職者に頼らずに読める時代になっていましたから、ルターの改革は、たちまちヨーロッパ各地に飛び火しました。彼らは一大勢力となって神聖ローマ帝国に抗議したため、「**プロテスタント**（抗議する者）」と呼ばれるようになり、この動きはやがてフランスの**ジャン・カルヴァン**に受け継がれます。

カルヴァンも教会に抗議してフランスを追放されますが、1536年に「改革」を主張、スイスのジュネーブで多くの信徒を獲得し、それ以降のプロテスタント各派の成立に大きな影響を及ぼしました。

◆資本主義の勃興にも影響

以後、プロテスタントとカトリックの抗争は激化し、1618年にはドイツで、プロテスタントを支持する諸侯とカトリック支持の諸侯の間に「**30年戦争**」が起こります。

この戦争は、結局、プロテスタント側の勝利に終わり、1648年、ヨーロッパのキリスト教諸国が参加した「**ウエストファリア条約**」で、ルター派・カルヴァン派のプロテスタントが正式に認められます。

ウエストファリア条約以後、キリスト教はカトリック・プロテスタント・東方正教会の三大勢力に分かれ、今日まで続くことになりますが、宗教改革はそれまでなかった新しい思想を生み出す転機にもなりました。

当時のヨーロッパは新しい産業の勃興期に当たり、それの担い手が振興の中産階級でした。彼らの精神的支柱になったのが、「職業は神から与えられた天職であり（**職業召命説**）、仕事で得たお金は神聖なものである」とするプロテスタントの考えでした。近代に入り、ヨーロッパ諸国が工業で繁栄し、強国になり得たのも、プロテスタントの職業倫理が強力なバックボーンとしてあったからでした。

豆知識

ウィクリフとヤン・フス…共に宗教改革の先駆者。ウィクリフは、イギリス・オックスフォード大学の哲学者で教皇を反キリストとして攻撃。フスは、ボヘミア・プラハ大学の総長・司祭として教会の堕落と免罪符を批判。1415年、両人とも断罪された。

謎025 魔女狩りはいつから何のために行われた？

カトリックの対抗改革

プロテスタントの拡大に対抗して、カトリック内部にも「対抗改革」の動きが起こりました。その頂点とされるのが、1544年から3回開催された「**トリエント公会議**」です。この会議で、カトリック教会の聖書解釈のみが唯一絶対であると宣言され、その教義に離反した人物や集団をすべて異端として迫害・弾圧する「**異端審問**（宗教裁判）」が、ヨーロッパ各地で開催されるようになりました。

◆陰惨を極めた魔女狩り

異端審問は、すでに13世紀から行われていましたが、トリエント以降はこれが激化、とりわけ陰惨を極めたのが、「**魔女狩り**」でした。

一神教であるキリスト教では、もともと、悪魔や悪霊に対する敵対意識が強く、そこに教会が、「呪術を行う女（魔女）は生かしておいてはならない」（「出エジプト記」22章18節）という『旧約聖書』の一節を利用してキャンペーンを張ったため、魔女狩り旋風はヨーロッパ全土を巻き込みました。

虐殺された魔女は、その数200万から数千万人ともされ、魔女であると告発されれば、必ず処刑され、密告・謀略も横行し、罪のない者までもが犠牲にされました。

謎026 イエズス会の布教活動。その目的は？

カトリックの勢力拡大策

「対抗改革」のもうひとつの目玉は、非キリスト教地域への**布教活動**です。その中心を担ったのが、1549年、日本にキリスト教を伝えたフランシスコ・ザビエルが所属するカトリック修道会「**イエズス会**」でした。

修道会の起源は3世紀中頃にまで遡ります。エジプト・シリアの地域で清貧・貞潔を信条として修道院を組織していた修道士たちが、ヨーロッパに移住して、10世紀末に修道院の連合体として修道会を結成します。

◆戦闘的な「イエズス会」

修道士たちの知的水準は高く、十字軍の遠征でも活躍し、傷病兵を治療した看護修道会は今日の医療の起源とされています。現在も修道会は健在で、私有財産の放棄、セックスの禁止、生涯の独身、目上の者には絶対服従の生活を貫いています。

「イエズス会」は「より大いなる神の栄光のために」を創立精神として設立され、教皇に絶対的忠誠を誓う戦闘的な修道会で、スペイン・ポルトガルの援助を得て中南米・アフリカ・東南アジア・中国・日本などに布教活動を展開しました。

ザビエルの日本滞在は2年ほど。当初は日本の子どもを奴隷として国外に連れ出したり、日本の宗教を邪教扱いし、神社仏閣を破壊したりしたため、豊臣秀吉の逆鱗に触れ、以後は穏便な布教活動に終始しました。

1773年、「イエズス会」は教皇により解散させられます。権力の横暴と世俗化が民衆の反感を買い、各地で反対運動が起こったためでした。これにより、カトリック教会の衰退は顕著になり、フランス革命が起きると、教皇領はフランスにより没収され、教皇自身も幽閉されてしまいました。

豆知識
イエズス会とジャンヌ・ダルク…ジャンヌ・ダルク（15世紀のフランスの愛国者、異端として火刑）のような魔女が東方に飛び、異端者を送り込んでくる、として、東方に渡って魔女を撲滅すべきとする声が高まったのも、布教活動の動機のひとつとなった。

謎027

英国国教会はなぜカトリックから分かれたの？

カトリックとプロテスタントの中間的存在

「宗教改革」以降、プロテスタントはさまざまに分派しましたが、中でも「イギリス国教会」は特異な進展を遂げました。

◆契機は国王の離婚問題

イギリスの宗教改革は、ヘンリー8世の離婚問題に端を発します。ローマ教皇が国王の離婚を認めなかったため、カトリック教会から離脱。1534年、国王自らが最高首長となってイギリス国教会を設立するのですが、これは国民を無視した王室の専横でしかないと、国民の支持を得られませんでした。

その後、カトリック教会への復帰、1558年にはエリザベス1世の就任で再離脱、というドタバタを繰り返し、結局、「教義的にはプロテスタント、教会運営と礼拝はカトリック」という、イギリス独自のイギリス国教会が確立されました。

しかし、これに満足しないカルヴァン主義者が徹底した改革を叫び、「ピューリタン（清教徒）革命」に勝利。最終的には1688年の「名誉革命」で、非国教徒が自由を獲得。ピューリタンの一団は「信教の自由」を求めて、新大陸アメリカへの移住を開始することになります。

キリスト教分派の歴史

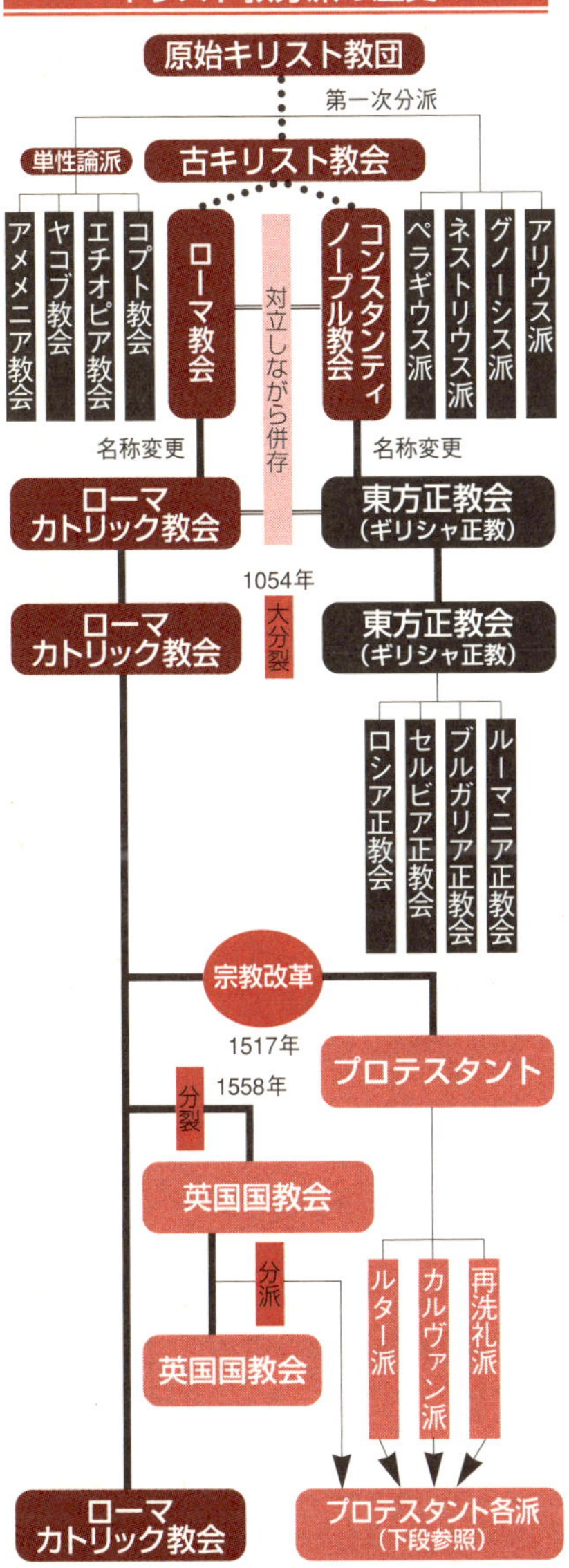

プロテスタントの主な教派

ルーテル教会	プロテスタント最大の教派。ルターの説いた「信仰義認説」「聖書中心主義」「万人祭司説」に立脚している。北ヨーロッパを基点として世界に広がり、世界の信徒数は約7000万人。
改革派教会	カルヴァンの流れを汲む諸教会の総称。徹底した聖書中心主義を主張し、神によって救済される人間はあらかじめ定められているとする「予定説」を説き、禁欲生活の実践を重視。
長老派教会	イギリスや北米に進出した改革派教会は、教会組織に長老制度を取り入れ、「長老派」と呼ばれた。教育活動に熱心で、日本でも、明治学院、フェリス女学院などを設立している。
バプティスト教会	17世紀、イギリスのジョン・スミスが創始。幼児洗礼を否定、自覚的な信仰告白に基づく洗礼（バプティズム）のみ認めるのが特徴。アメリカでは最大教派で、キング牧師が著名。
メソジスト教会	18世紀半ば、イギリスのジョン・ウェスレイが創始。聖書研究や慈善活動を真面目に行ったためメソジスト（几帳面屋）と呼ばれた。宗教的改心を重視、「キリスト者の完全」を目指す。
セブンスディ・アドベンチスト教会	1860年、アメリカのキリスト再臨を信じるグループが創始。安息日を7日目の土曜日とすべき、と主張。発足当時から健康食品の製造と病院経営に力を入れている。

謎028 カトリックとプロテスタントは、実際にはどこが違うの？

●●● 秘蹟をめぐる考え方の違い

いちばんの違いは、**秘蹟**（サクラメント）についての考え方でしょう。これを重視するカトリックでは、洗礼式や聖体拝領・告解などの七つの秘蹟がありますが、プロテスタントでは洗礼と聖餐（聖体拝領と同じ）のみを秘蹟として認めています。以下、重要な違いを、いくつかまとめてみましょう。

謎029 キリスト教徒はみな洗礼名を持っているの？

洗礼に関する違い

洗礼とはキリスト教に入信するときの儀式で、赤ちゃんの場合は生後半年頃までに、成人などは入信時に洗礼を受けます。ただし、その方法は教派によって異なり、プロテスタントの中には幼児洗礼を認めない教団もあります。カトリックでは、洗礼を受けると**洗礼名**（クリスチャンネーム）が与えられますが、プロテスタントでは与えないのがふつうです。

謎030 ミサと礼拝は実際にはどこが違うの？

儀式における違い

キリスト教徒は、日曜日（他の曜日でも可）に教会に集まって、神への祈りを捧げます。これを、カトリックでは「**ミサ**」と呼び、プロテスタントでは「**礼拝**」と呼んでいます。カトリックのミサでは、キリストの復活と贖罪に祈りと感謝を捧げる聖体拝領などの儀式を厳密に行いますが、プロテスタントの礼拝は、儀式よりも聖書の朗読や牧師の説教が重視されます。

なお、礼拝のときに歌うのは、カトリックでは「**聖歌**」、プロテスタントでは「**賛美歌**」で、曲そのものも違います。

謎031 キリスト教徒はみな懺悔したりするの？

告解に関する違い

よく誤解されるのですが、「**懺悔**《ざんげ》」は、カトリックだけにある儀式。正式には「**告解**」と言います。神父の前で、自分の犯した罪を告白し、神に赦しを願うことです。しかし、プロテスタントの牧師は、あくまで「信徒の代表」。信者から告解を受ける立場にはないので、この儀式は行いません。

謎032 神父は結婚できるの？ 牧師は？

神父と牧師の違い

教会を指導するのは、カトリックでは**神父**（司祭とも言います）、プロテスタントでは**牧師**です。神父はカトリック教会内の階級のひとつで、聖職者ですが、牧師はあくまで信徒の中から選ばれた教会のまとめ役という立場。国王と首相の違い、と思えばいいでしょう。

聖職者である神父には結婚が許されていませんが、牧師は妻帯ＯＫ。また、女性が神父になることはできませんが、牧師にはなれます。実際、女性の牧師は珍しくありません。

謎033 聖母マリアは信仰の対象になるの？

マリア信仰の有無

聖母マリアを信仰の対象とするかどうかも、大きな違い。カトリックではマリア崇拝を認めていますが、プロテスタントはＮＯ。聖書でも、イエスは、母マリアの特別扱いを、弟子たちに戒めています。プロテスタントの信者に「アベ・マリア」を歌って、なんてリクエストするのは、たいへん失礼なので、気をつけましょう。

豆知識

マリア信仰の由来…当時、ギリシャやローマでは、エジプト神話に出てくるオシリス王を復活させた妻イシス（謎096参照）を、地母神として崇拝する信仰が盛んで、このイシスがマリアに置き換わってマリア信仰になった、とする説が有力。

謎034

イスラム教はいつ頃、どうやって始まったの？

イスラム教の起源について

イスラム教の創始者はムハンマドです。その頃のアラビア半島は、部族同士の争いが絶えない混乱の時代。宗教的にも多神教で、メッカを中心とする地域では、アッラーもそうした神のひとつとして信仰され、「カーバ」と呼ばれる神の館に聖なる石や神像を祀っていました。イスラム教では、この時代を「**無知の時代**」としています。

◆ムハンマドの誕生

ムハンマドは、西暦570年頃、紅海に面した商業都市メッカに生まれました。当時のアラビア半島は、インド洋と地中海の通商が盛んで、メッカやメディナを中心地として繁栄していましたが、その富は大商人に集中し、民衆の生活は苦しくなる一方でした。すでに、ユダヤ教やキリスト教が民衆の間に浸透してはいましたが、そうした既存の宗教を疑問視する声も上がりつつある時代でした。

ムハンムドが生まれたとき、父親はすでに亡くなっていて、6歳の頃に母とも死別。孤児となったムハンマドは、その後、親戚に育てられ、25歳のときに、富裕な商家の未亡人だったハディージャと結婚します。ほどなく三男四女の父となりましたが、3人の男の子を幼くして亡くし、その頃からムハンマドは瞑想にふけるようになります。

◆天使ガブリエルの啓示

610年、ムハンマド40歳のときのことです。メッカ郊外・ヒラー山の洞窟で瞑想にふけっていると、突然、天使ガブリエルが現れて、こう告げたのです。

「アッラーこそが唯一の神である。神の教えを広め、民を救いなさい」

戸惑うムハンマドでしたが、妻ハディージャは、あなたの前に現れたのは神であると励まし、最初の信者になりました。それ以来、ムハンムドは神の言葉を伝える預言者の自覚に目覚め、布教を始めます。これが、イスラム教の起源です。

◆メッカでの迫害とヒジュラ

しかし、「人はみな平等である。偶像崇拝は愚かなことである」と説くムハンマドは、当初、メッカの権力者たち、特に既得権益にしがみつく商人たちから激しく迫害されました。

そこでムハンマドは、622年、メッカからメディナに居を移し、ムハンマドを首長とするイスラム共同体「**ウンマ**」を形成しました。「ウンマ」は、血族関係で結ばれていた部族社会を根底から変える、信仰を基軸としてまとまった共同体でした。これを契機にイスラム教は急速に信者を獲得していきます。イスラム教は、このメディナ移住を「**ヒジュラ**（聖遷）」と呼び、622年を**イスラム暦元年**としています。

メディナ移住後、ムハンマドはメッカとの戦いを繰り返しましたが、630年、メッカを無血征服。カーバ神殿に祀られていた多くの神々の偶像を破壊し、メッカをイスラム教の聖地としました。ムハンマドの勝利を知ったアラビア半島の部族たちは、次々にイスラム教に改宗していきます。

ムハンマドが62歳で没するまで、アッラーは啓示を与え続けましたが、ムハンマドの死後、二度と預言者を遣わすことはありませんでした。

豆知識

イスラム暦とは？…太陰暦を採用。イスラムの紀元元年1月1日は、西暦では622年7月16日。ムハンマドがメッカからメディナに「ヒジュラ（聖遷）」した日で、「ヒジュラ暦」とも呼ばれる。ちなみに1年は354日。

謎035

イスラム教の「コーラン」には何が書いてあるの？

至高の聖典『コーラン』の中身

イスラム教のもっとも重要な聖典は**『コーラン』**（クルアーン）です。イスラム教では、『旧約聖書』のモーセも、『新約聖書』のイエスも、預言者として認めていますが、ムハンマドが最後の預言者で、それまでの預言には間違いがあり、最後の預言を書き記したコーランこそが真正である、と考えています。

◆ムハンマドの預言を編纂

ムハンマドは、アッラーの言葉を正確に記憶した後に、弟子に口伝したとされています。

ムハンマド没後の初期のイスラム教では、記憶の優れた者を選抜し、ムハンマドの預言を伝承しましたが、それでは不完全として、3代目のカリフが書き留めることを命じ、650年頃に『コーラン』として編纂されました。それ以後、『コーラン』には一切の変更・改定はなされていません。

◆信徒が守るべき規範を網羅

『コーラン』は114章からなり、内容にとらわれずに長い章から順に構成されています。

その内容は、アッラーの唯一絶対性・終末・審判・預言者などの教義的テーマから、礼拝・儀式・タブー・巡礼・聖戦などの信徒が守るべき生活規範、律法・刑法にいたるまで網羅され、アッラーに絶対帰依するために不可欠な規範が記述されています。

「コーラン」とは、アラビア語で**「読むべきもの」**という意味。つまり、読誦することが前提なので、全体が音韻を踏んだ散文で統一されています。そのため、アッラーが口伝したままのアラビア語で書かれた『コーラン』のみが正式とされ、他の言語に翻訳されたコーランは、イスラム教の聖典とは認められていません。

◆ムハンマドの言行録

『コーラン』は、ムハンマドがアッラーから授かった啓示を神の言葉として記したもので、ムハンマドの言行録ではありません。『新約聖書』の《福音書》がイエスの言行録として記してあるのとは、大変な違いです。

ムハンマドの言行を記してあるのは、コーランに次ぐ重要な聖典とされている**『ハディーズ』**（語るの意）です。

ムハンマドが亡くなってからは、直接、ムハンマドの意見を聞いたり、模範としたりすることができなくなったため、『ハディーズ』が編纂されたと言われています。

ムハンマドにまつわる伝承は100万にも上ったようですが、そのうち信憑性の高い伝承だけを厳選した1万にも及ぶ言行が、同書に記述されています。そこには、殺人・強盗などの処罰について、結婚や離婚について、商売の取引についてなど、ムハンマドの考えが具体的に示されていて、イスラム教徒は、信仰や実生活の教科書として、非常に重要視しています。

謎036

イスラム教徒には、どんな行動が義務づけられているの？

●イスラム信徒の規範・六信五行とは

イスラム教では、正しい信仰は日々の実践で成就されると考えられています。人の心は計り知れないものなので、その人がイスラム教徒であるかどうかは、その人の行いを見て判断するしかない、とする考えです。

そのために作られた規範が、《六信五行》。もっとも基本的な事柄として『コーラン』の中から抜粋された、正しいイスラム教徒であるための信仰と実践の規則です。

◆信じるべき6つのこと

《六信》とは、アッラー・天使・啓典・預言者・来世・予定。この6つを信じなさい、ということです。

そこには、アッラーが唯一絶対の神であること、『コーラン』が至高の聖典であること、ムハンマドは「神の使徒」であり、最大にして最後の預言者であること……などが、簡潔明瞭に箇条書きにされています。

「預言者」の中には、アダム、ノア、アブラハム、モーセ、ダビデ、イエスなど、ユダヤ教やキリスト教と共通の預言者たちも含まれていますし、「啓典」の中には、アッラーによって啓示されたものとして、『旧約聖書』や『新約聖書』も挙げられています。

◆実践すべき5つの義務

《五行》とは、イスラム信徒が実践しなければならない5つの神への奉仕義務のことで、その内容は、下記の通りです。

この厳しい実践の教えこそ、イスラム教の最大の特徴と言っていいものです。

イスラーム信徒の義務《五行》とは？

1 シャハーダ
信仰告白

「アッラーのほかに神はなし。ムハンマドはその使徒（預言者）なり」と告白すること。入信のときも、礼拝のときも、告白しなければなりません。

2 サラート
礼拝

メッカに向かって、神の偉大さと栄光をたたえるための聖なる行為です。一日5回（夜明け前・正午・午後・日没後・夜）の礼拝が義務づけられています。そのほか、金曜日のモスクでの集団礼拝、断食明けの祭り、雨乞いをするときなどにも、礼拝が行われます。

3 サウム
断食

イスラム暦第9月（ラマダーン）の30日間、日の出から日没までの断食が義務づけられています。その間、水を飲むことも、喫煙・セックス・自慰行為も禁止。もともとは、食べられない者の苦しみを思いやり、最大の欲望に打ち克つことを目的としていました。

4 ザカート
喜捨

1年間で得た財産（金銭や物品）の一部を、喜びをもってウンマ（イスラム共同体）に寄付しなければなりません。以前は自発的な行いとされましたが、次第に困窮者・孤児・神のために尽くす人たちへの「救貧税」の役割を果たすようになりました。

5 ハッジ
巡礼

メッカへの巡礼は、イスラム暦第12月（ズール・ヒッジャ月）の7～13日にかけて行われ、一生に一度は行うべき義務とされています。「聖殿（メッカのカーバ神殿）への巡礼はそこに旅する余裕がある限り、神への義務である」（『コーラン』3章97節）

豆知識
ユダヤ教、カトリックにも断食がある…ユダヤ教には、ユダヤ暦第7月の1日か2日にある「新年祭」から3日目と10日目の夜のほか、年に合計6回の断食日。カトリックにも、復活祭前の「灰の水曜日」とイエスが処刑された「聖金曜日」、年2回の断食がある。

謎037

イスラム教の教えは、ユダヤ教やキリスト教とどこが違うの?

聖典・律法・罪をめぐる3宗教の教義

イスラム教・ユダヤ教・キリスト教は、同じ唯一神を信仰し、古代イスラエルの族長アブラハムを共通の祖とするという点で、兄弟同士のような関係にあり、まとめて「**アブラハム宗教**」と呼ばれることもあります。

事実、3宗教の間には、天地創造・預言者・啓示・律法・最後の審判……など、教義や考え方に共通する点も多く存在します。しかし、似ていれば似ているほど、相違点が目立つ、ということもあります。いったい、これらの宗教は、どこがどう違っているのでしょう?

◆受け入れがたい「神の子」

まず言えるのは、神の定義づけの違い、簡単に言えば、信じ方が違うということです。

唯一神は万物の創造主で、全知全能。人間と同じように意志も感情もある人格神です。この考え方は、三者とも同じです。イスラム教が強調するのは、アッラーには、親もなく、子もなく、顔もない、過去も未来もない、絶対にして永遠の存在である、ということです。

このように信じると、まず「神の子」イエス・キリストなどあり得ないことになります。イスラムの立場から見れば、預言者にすぎないイエスを、「**三位一体論**（**父**＝神、**子**＝イエス、**聖霊**は一体とする理論）」で神と同等の位にまで引き上げたことは、偶像崇拝にも繋がる赦しがたき大罪であると、キリスト教を否定するのです。

◆「選民思想」が問題

ユダヤ教の場合は、神に選ばれた唯一の民族・イスラエル民族のみが救われるとする「**選民思想**」がけしからん、ということになります。

なぜならアッラーは、民族・国籍・性別・地位・貧富などの差を超越して、すべての人間に慈悲と慈愛を注いでくれる神だからです。この点ではむしろ、イスラム教とキリスト教の距離のほうが、イスラム教とユダヤ教のそれより近い、と言えるかもしれません。

◆イエスをめぐる解釈の違い

ユダヤ教とキリスト教の間の最大の違いは、前にも触れましたが、イエスを「**キリスト＝救世主**」と認めるかどうかです。イエスによって神との古い契約が書き換えられたとするキリスト教側は、これを「**新約**」とし、それまでのユダヤ教の聖書を「**旧約**」として、聖書を二分しますが、もちろん、ユダヤ教側は『新約聖書』など認めません。

「戒律」や「罪」に関する解釈も異なります。

◆律法絶対遵守のユダヤ教

ユダヤ教は、「律法」を神の掟として絶対に遵守する「**律法主義**」をとります。ユダヤ教が『聖書』に示されているとする律法は613、禁止とする戒律は365にも及びます。食事ひとつとっても、食べてはいけない動物から、その殺し方、料理法にいたるまで、実に細かい規定があるのです。こうなると、律法を守れない者＝罪人が続出することになってしまいます。

◆内面の「罪」を重視

キリスト教の律法についての考え方は、「律法のために人があるのではなく、人のために律法がある」というイエスの言葉に端的に示されています。しかし、一方でイエスは、「私は律法を完成するために来たのである」とも語っています。「律法の完成」とは、どういうことでしょう?

たとえば、モーセの十戒に「汝、姦淫するなかれ」という

豆知識

イスラム教の一夫多妻制…ムハンマドがメッカ軍との戦いに敗れ、大量の未亡人と孤児を生み出したのがきっかけで成立。男性は4人の妻を娶ることができるが、経済的にも性生活の面でも公平に扱うことを義務づけられているため、現実にはかなり難しい。

のがあります。これをユダヤ教の「律法主義」に当てはめると、「あの女は妻のいる男と寝たから、姦淫した」「彼は独身だから、恋人以外の女と寝ても姦淫とはならない」などという解釈の問題になります。これでは、人が人を裁いていることになってしまいます。

しかし、イエスは言うのです。「もし、あなたが色情の目で女を見てしまったら、それだけで姦淫したのと同じなのだ」と。あるとき、律法学者たちが、姦淫の罪で捕まった女をイエスの前に連れて来て、律法で示されている通り、石で打ち殺すかどうかを尋ねます。イエスの答えは「あなたがたの中で、罪のない者が、まず石を投げるがよい」。だれも投げることができませんでした。

◆人はみな罪人である

つまり、「罪」とは、何をした、しないではなく、神の教えに反するような心のありようなのであって、そういう意味では人はみな罪人《つみびと》である。だから、悔い改めなさい――と、イエスは主張しました。そうして日々、悔い改めることによってこそ、律法は完成される、と説いたわけです。キリスト教では、こうして律法や罪は内在化されます。キリスト教に、ユダヤ教のような厳しい戒律がないのは、こういう理由からなのです。

◆厳しくも寛容なイスラム

ユダヤ教・キリスト教の後で成立したイスラム教は、ユダヤ教のガチガチの律法主義にも、キリスト教の律法を軽んじる姿勢にも、批判的でした。

イスラム教も、『コーラン』のアッラーの言葉を律法として厳格に守ることを旨としていますが、一方で、人間の力には限界がある、とする考えも導入しました。結果として、アッラーの教えに従う日々の努力と実践こそが、もっとも重要であると考えました。その日々の実践の教科書ともいうべきものが、前項で触れた「**六信五行**」です。

確かに『コーラン』では、神に絶対帰依する宗教がイスラム教である、ことを強調していますが、いったん罪を犯した者に対しても、六信五行を実践し、信仰の篤さが認められれば、その罪は赦される、としたのです。『コーラン』にも「まことに神は、悔い改めて帰ってくる人々に寛容であらせられる」（17章25節）というアッラーの言葉があります。つまり、イスラム教の「悔い改め」は、六信五行を忠実に守ることを意味しているのです。

◆「贖罪法」という救いの手

『コーラン』のすべての章の冒頭は、「慈悲ぶかく慈愛あつき神の御名において」という誓言から始まります。誓いの言葉を破れば、当然、神の怒りに触れるはずですが、この場合でも、アッラーは救いの手を差し伸べます。それが「**贖罪法**」です。

貧者に施しをする、奴隷を解放する、3日間の断食をする――この三点を実行すれば、誓言を破った者でも赦されるのです。

このように、イスラム教では、ユダヤ教のような律法主義に陥らないための、さまざまな方策が考慮されています。

いかにイスラム教が、ユダヤ教・キリスト教を批判しながらも、そのよい部分は継承している宗教であるかが分かります。

3宗教の律法と罪と神の関係

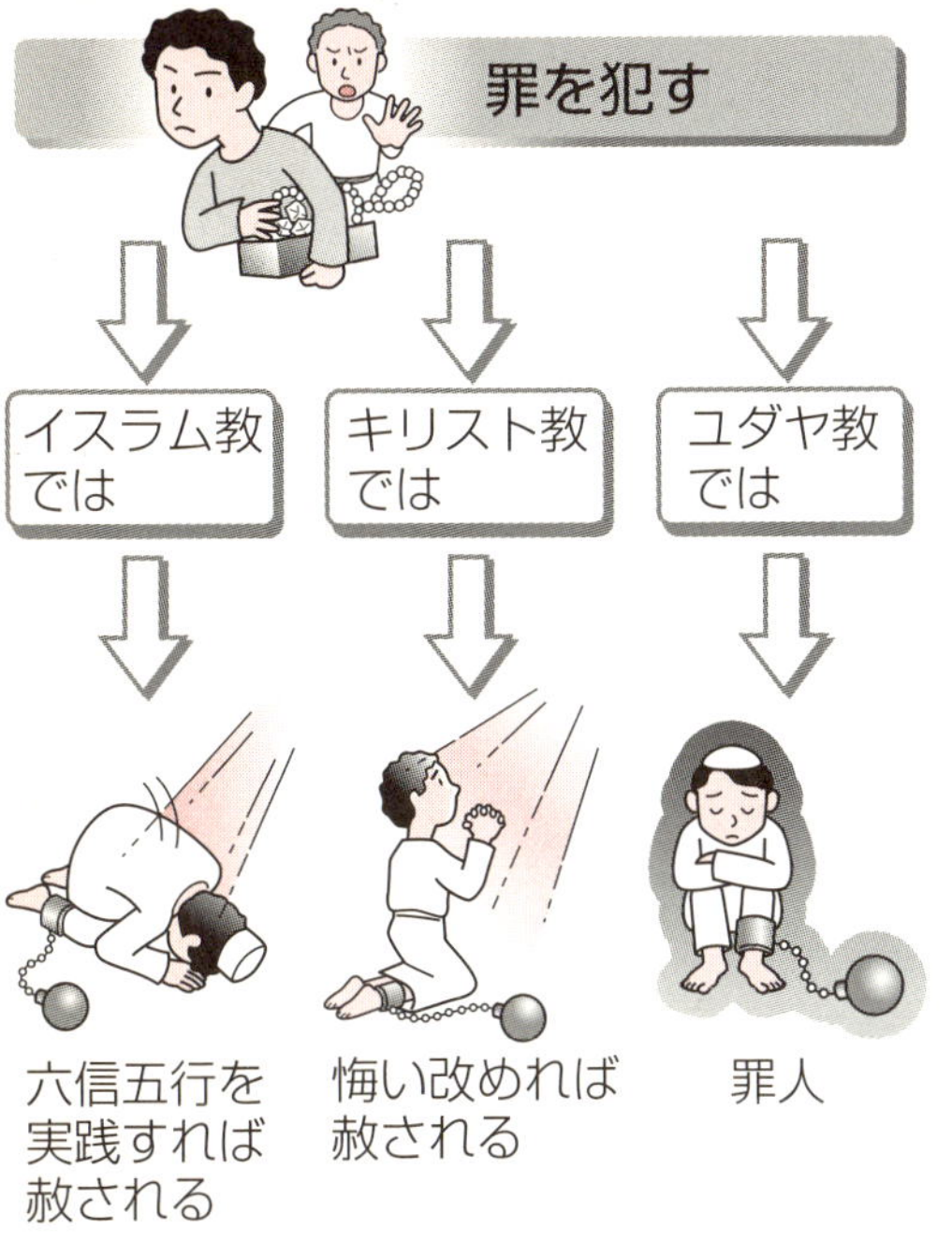

豆知識

割礼の習慣…キリスト教徒は割礼とは無縁。ユダヤ教では生後8日目で断行。イスラム教でも実施され、生後8日目から12歳の間、平均して7歳頃が多いとされている。一部のイスラム教国では女児にも実施しているが、人権擁護団体から非難されている。

謎038

イスラム教の宗派、シーア派とスンニ派の違いは？

合意重視のスンニ派vs指導者が独断のシーア派

ムハンマドの死後、イスラム教はイスラム共同体を率いる指導者として、預言者ムハンマドの代理人とする「**カリフ**」を選定し、カリフが統治する**正統カリフ時代**（4代目まで）を迎えることになります。

◆きっかけは後継者争い

4代目のカリフとなったのが、ムハンマドの娘を妻にしたアリーでした。しかし、3代目・ウスマンの血族である名門ウマイヤ家は、アリーを4代目と認めず、暗殺。ここから内部分裂が始まります。

アリーを支持する一派は、**《シーア派》**を発足させます。彼らは、アリーとその子孫だけをムハンマドの正統な後継者・**イマーム**（指導者）と仰ぎ、血統の純潔性を主張して急進的な活動をはじめます。

一方、3代目のカリフまでを正統と認める一派は、預言者のスンナ（規範・慣行）を尊重する立場をとったことから**《スンニ（スンナ）派》**と呼ばれ、3代目以降はウマイア朝の子孫をカリフとしました。この両派の分裂は、国を統治する制度にも違いを生じさせました。

◆合意制か指導者の独裁か

現在、スンニ派は、全イスラム教徒の約9割を占めています。その指導者はカリフと呼ばれ、『コーラン』『ハディーズ』の聖典で処理できない難題が生じた場合は、法学者たちが集まって話し合い、イスラム共同体の合意として解決します。この合意のことを「**イジュマー**」と呼び、政治的なことはカリフに従い、宗教的なことは従来からの慣行に習う、とする柔軟な考え方で国を運営しています。

シーア派の指導者は「**イマーム**」と呼ばれました。イマームの言行は『コーラン』『ハディーズ』に次ぐ権威ある啓典とされ、政治的権威だけでなく宗教的権威も独占しています。シーア派は、スンニ派の「イジュマー」をいっさい認めません。

つまり、日常的なもめ事に関して、スンニ派は多数の法学者の意見を取り入れて解決するのに対し、シーア派はイマームの言行に反すれば、即刻、非であるとされるのです。この制度上の違いが、今日の両派の勢力図に影響することになります。

◆イスラム世界の発展

イスラム共同体はイスラム（サラセン）帝国として版図を広げ、661年にはウマイア朝が成立します。スンニ派はシーア派などを厳しく弾圧しますが、占領地の住民には寛大で、降伏した者には土地所有を認め、税金を払えば宗教的自由も奪いませんでした。しかし、その一方で、シーア派を代表とする敬虔なイスラム教徒や植民地の非アラブ人からの反発を生み、750年に滅亡。アッバース朝に受け継がれます。

当時、イスラム商人たちの交易は目覚しく、イベリア半島から中国に至るまでイスラム教が広まり、アッバース朝は空前の繁栄を迎えました。同時に、イスラム教の教義も整備され、国家統治の基礎となる「**シャリーア**（イスラム法）」も定められました。しかし領地の拡大は、各地に異民族の王朝の成立を生み、また1096年から200年間にも及んだ十字軍の侵略は、イスラム世界に壊滅的な打撃を与え、1258年にアッバース朝は滅びます。その後、イスラム教はオスマン帝国に継承され、今日に繋がるスンニ派による大イスラム圏が築かれることになります。

豆知識

シャリーア…アラビア語で「水場に至る道」から「清い道」の意味に。イスラム教では、人間を弱者と捉えていて、神の定めたシャリーアを歩むことで、横道に逸れないで正しい道を歩むことができる、としている。

謎039

十字軍って何？ 何のために戦ったの？

●●●● 計7回に及ぶ遠征とその結果

7世紀初頭、突如として起こったイスラム教は、キリスト教の主要な活動地域であった地中海沿岸一帯をまたたくまに席巻しました。1038年には東ローマ帝国が滅び、聖地エルサレムがイスラム教に制圧されてしまいます。

そこでローマ教皇は、聖地エルサレムの奪回を名目に、1095年に十字軍を結成、エルサレムへ進軍します。1099年には聖地奪回に成功、**エルサレム王国**が成立しましたが、イスラム教徒も反攻に転じ、1187年に同地を奪回します。

◆侵略・虐殺を重ねた十字軍

十字軍の遠征は、以後、計7回にも及びました。しかし、いずれも失敗に終わり、1291年、イスラム教徒による**コンスタンティノープル奪回**で、200年近くにも及んだ戦争に幕が閉じられました。以後、第一次世界大戦でイギリスが占領するまで、エルサレムはイスラム教徒の聖地であり続けました。

遠征を重ねるうちに、十字軍は、次第に侵略者という性質を帯びるようになります。イスラム教徒のみでなく、**ユダヤ教徒への迫害・虐殺**もすさまじい限りで、イスラム・ユダヤの死者は数百万人にも達したとされています。さらに第4回十字軍遠征では、同じキリスト教国の東ローマ帝国に対しても攻撃を加えました。「異教」「異端」とみなせば、敵味方関係なしに攻撃したのが十字軍だったのです。

主な十字軍遠征とその顛末

第1回遠征……1096年
聖地エルサレムをセルジューク・トルコから奪還。1099年、エルサレム王国を建国。

▼

第3回遠征……1189年
エジプトのサラディンに占領されたエルサレムの再奪還を図るも失敗。イスラム教徒と講和を結ぶ。

▼

第4回遠征……1202年
コンスタンティノープルを占領。ラテン帝国を建国（1202～1204年）。

▼

第6回遠征……1248年
エルサレムを占領したエジプトを攻撃するも、フランス王のルイ九世が捕らわれ、奪還に失敗。

▼

第7回遠征……1270年
反エジプト同盟結成をもくろみ、チュニスに進軍するも、フランス王ルイ九世が病死し、失敗。

▼

終結……1291年
イスラム教徒軍に敗退。コンスタンティノープルが陥落し、遠征に終止符が打たれる。

謎040

イスラム教徒はこの戦いをどう受け止めたの？

侵略軍としての十字軍

十字軍の戦いをイスラム側から見れば、キリスト教徒がイスラム教徒に仕かけた一方的な侵略戦争でした。

キリスト生誕2000年に当たる2000年3月、**ローマ法王ヨハネ・パウロ2世**は、「反ユダヤ主義」「十字軍遠征」について、「悔い改める」と神に懺悔したことを、全世界に向かって表明しました。これによって、キリスト教史観による世界の歴史は、大幅な書き換えを余儀なくされたと言えます。

◆今日の中東問題にも影響

このようなキリスト教徒の十字軍遠征について、イスラム教徒は、その発端から「断罪すべき野蛮な侵略戦争だった」ととらえています。確かに十字軍の初期は、エルサレムを巡っての教義上の対立ではありましたが、第3回十字軍遠征を契機にして、キリスト教圏とイスラム教圏の覇権を争う戦いであることが露骨に表れました。

この覇権を巡っての戦いは、今日まで継承されることになり、「中東戦争」「湾岸戦争」「イラク戦争」などに深く影を落としているのです。

謎041 パレスチナ問題はどうして起こったの？

「シオニズム」と「イスラエル建国」

西暦70年頃、ローマとの独立戦争に破れて以来、ユダヤ人は故国を失って、世界各地に離散してしまいました。

◆シオニズム運動の発生

故国を失ったユダヤ人は、以後、キリスト教徒から迫害を受け続けます。十字軍の時代にも大量虐殺を受け、13世紀になると、ユダヤ人を隔離する大規模な**ゲットー**（隔離された居住区域）が作られました。

こうした迫害に対して、19世紀末、ヨーロッパでユダヤ人の国家建設を目指す運動が起こります。「シオン（エルサレムにある丘）への愛」をスローガンとしたので、「**シオニズム運動**」と呼ばれました。

この運動は、1894年にフランスで起こった「**ドレフェス事件**」（ユダヤ人ドレフェスがスパイ容疑で逮捕、のち冤罪と判明）をきっかけに、一気に政治運動化します。1940年代になると、英米の支援を得て、多くのユダヤ人がパレスチナへの移住を開始しました。

◆イスラエル建国と中東戦争

第2次世界大戦後、世界中のユダヤ人がパレスチナに集結し始めると、アラブ側は、ユダヤ人の入植に強く反発しました。1947年には、国際連合が「**パレスチナ分割案**」を提出しますが、アラブ側はこれを拒否。

一方、ユダヤ側は、1948年に独立を宣言して「**イスラエル共和国**」を建国し、「**第1次中東戦争**」が勃発します。

戦争はアラブの敗北で終わり、イスラエルは当初の分割案（56％）よりはるかに広大な77％を領土とすることになりましたが、これによって、大量の**パレスチナ難民**が発生します。

他方、イスラエルにとっても、聖地エルサレムがイスラエルとヨルダンに分割されたため、ユダヤ教徒の聖地巡礼ができなくなりました。こうした問題が禍根となって、以後1973年まで、計4度もの戦争が繰り返されることになるのです。

◆大国の都合で引かれた国境線

パレスチナ問題を複雑にしている背景には、第1次世界大戦中のイギリスの、二枚舌とも三枚舌とも言われる外交政策が絡んでいます。

大戦が勃発したとき、イギリスは、オスマン帝国を倒すため、帝国内のアラブ諸民族に、戦後の独立を条件に反乱を起こすよう持ちかけます。その一方でフランスとの間では、戦後、オスマンの領土を分け合うことを約束、さらにユダヤ人に対しても、「パレスチナでの祖国建設を支持する」という口約束をします。

戦後、英仏両国は、アラブ民族との約束を反故にして、シリアをフランスが、イラクをイギリスが委任統治。怒ったアラブ民族の反乱を押さえるために、イラクからトランスヨルダンを、シリアからレバノンとパレスチナを分割してしまいます。

英仏両国の思惑で、勝手に引かれてしまった国境線。このことが、この地域の民族・宗教問題をより複雑にしてしまったことは否定できません。

謎042 中東戦争はなぜ、繰り返し起こったの？

東西冷戦の陰で

1952年、エジプトに「**反シオニズム・アラブ民族主義**」を掲げたナセルによる共和国が樹立されます。ナセルはソ連からの武器援助を受け、スエズ運河の国有化を宣言したため、脅威を感じたイスラエルは、1956年、英仏と共に出兵してシナイ半島を制圧しますが、ソ連の介入を恐れたアメリカの圧力で撤退。これが「**第2次中東戦争**」です。

一躍、アラブの英雄となったナセル大統領は、1964年、アラブ諸国に呼びかけて「**PL**

O（パレスチナ解放機構）」を結成し、エジプト軍がその軍事部門となりました。

◆国家間戦争からテロの時代へ

1967年の「**第3次中東戦争**」は、イスラエルが、シリア南西部のゴラン高原に入植地を建設し始めたことがきっかけで起こりましたが、イスラエルはわずか6日間で全面勝利。パレスチナ全域を占領地としてしまったため、再び大量のパレスチナ難民を発生させてしまいます。この戦争後、アラブ諸国は「**OAPEC（アラブ石油輸出国機構）**」を結成します。

1973年の「**第4次中東戦争**」では、サダト・エジプト大統領の指導のもと、OAPECが石油価格を引き上げる決定をして、イスラエルを支持する諸国に大打撃を与え、アラブ諸国に有利な停戦となりました。

ここまでのイスラエルVSアラブの対決の背景には、常に、東西冷戦の構造がありました。イスラエルを支持する米英仏の西側対アラブ支持に回ったソ連・中国の東側。戦争は、両陣営の代理戦の様相も呈していましたが、冷戦が終結した1990年代以降は、アラブ対イスラエルの全面対決は避けられ、1979年には「**エジプト・イスラエル平和条約**」が交わされます。

これ以降、国家間の戦争に代わって、イスラム原理主義者によるテロが、紛争の表舞台に登場するようになります（イスラム原理主義については、第1章の謎011〜014を参照）。

パレスチナの分割状態

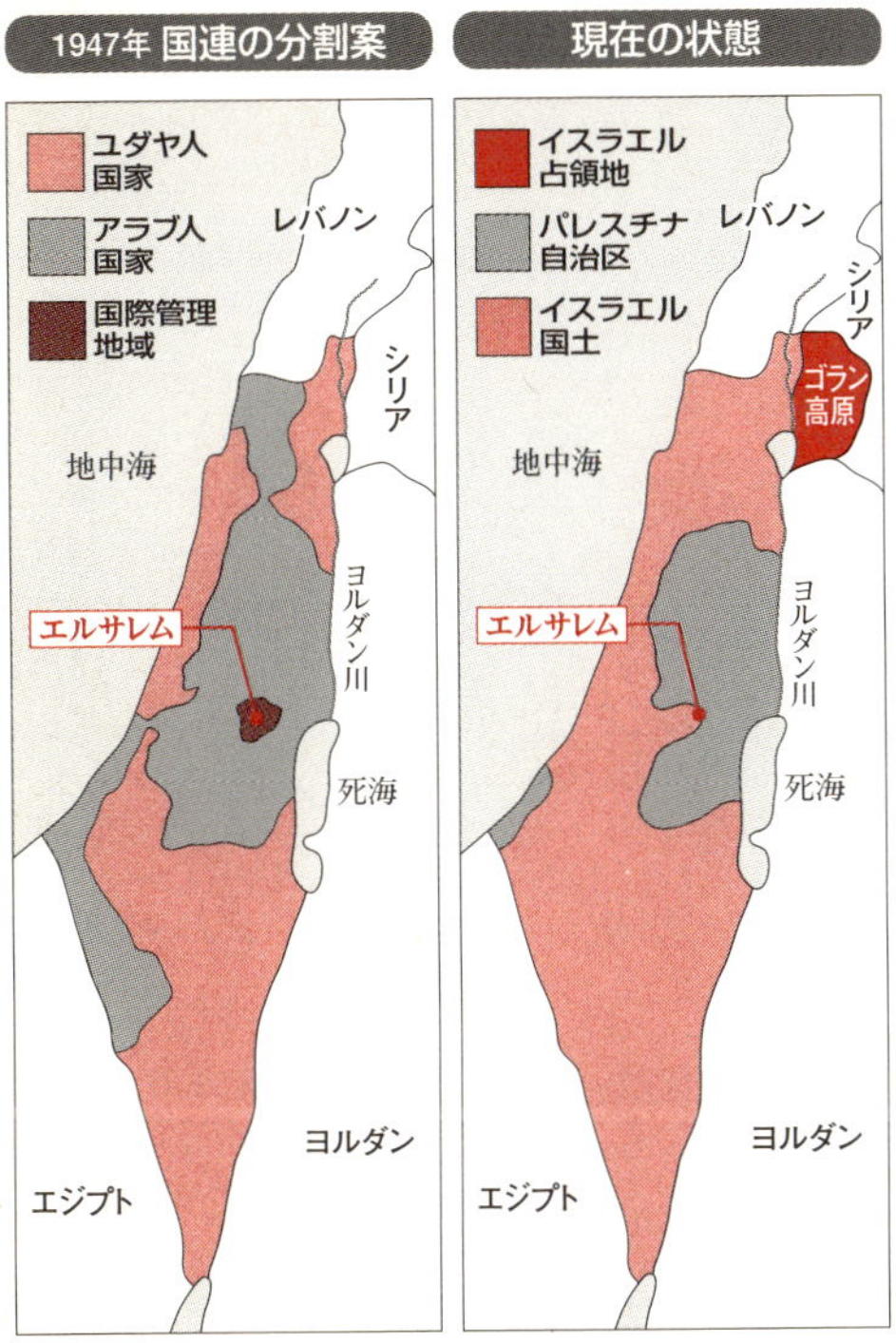

謎043 ジハード＝聖戦のほんとうの意味は？

自爆も辞さない理由

テロ行為が行われる度に、私たちはメディアの映像を通じて、アラブの人たちが「これはジハードだ！」と拳を上げて叫ぶシーンを目撃します。「ジハード」は日本語では「聖戦」と訳されていますが、テロ行為を彼らがなぜ聖戦とするのか、どうしても腑に落ちません。

◆ジハードとは「努力すること」

『コーラン』の教えはこうです。

「神の道のために、おまえたちに敵する者と戦え。しかし、度を越して挑んではならない。神は度を越す者を愛したまわない」（2章190節）

イスラム教では、イスラム教に教化された状態を「**イスラムの家**」と呼び、異教徒が支配している状態を「**戦いの家**」とし、イスラム教徒の義務は、全世界を「イスラムの家」に変えていくこと、そのために努力すること、と教えています。この「努力すること」がイスラム教徒にとっての「ジハード」なのです。

その「努力」が、なぜ戦争やテロにつながるのでしょう？

それは、世界中に「戦いの家」がはびこる時代になり、平和的な努力（ジハード）では「イスラムの家」を保つことができなくなった、と考えるからです。

◆ジハードの戦死者は天国に

戦う相手がいかに手ごわくても、ジハードに参加することはイスラム教徒の義務であり、ジハードによる戦死者はアッラーにより天国に行くことが約束されていると、イスラム教徒は考えています。自爆も辞さないテロに自ら志願するのは、そんな理由からなのです。

豆知識

アラビアのロレンス…映画にもなった「アラビアのロレンス」は、第1次世界大戦中、オスマン帝国を倒すためにアラブ諸民族の反乱を指導したイギリス人。しかし、大戦後、イギリスが諸民族と交わした独立の約束を破ったため、失意のうちに他界します。

謎044

なぜ、イスラム教には聖地が3つもあるの？

●●●● エルサレムは3宗教共通の聖地

ユダヤ教の聖地は、エルサレム。神から与えられた「約束の地」カナンの中心地であり、紀元前997年、ダビデがイスラエル王国の首都にした場所だからです。

キリスト教も、イエス・キリストが十字架にかけられたゴルゴダの丘があるエルサレムを、聖地としています。

イスラム教には、聖地が3つあります。至高の聖地としているのは、ムハンマドの生まれた地であり、カーバ神殿が建てられている**メッカ**。礼拝も、このメッカに向かって行います。

もうひとつは、「ヒジュラ＝聖遷」によって、ムハンマドが初めてイスラム共同体を創立し、イスラム暦元年が始まった**メディナ**。そして、共通の神アッラー（ヤハウェ）の聖所とされる**エルサレム**。

エルサレムは、ユダヤ教、キリスト教、イスラム教の共通の聖地なのです。

3宗教それぞれのシンボルは？

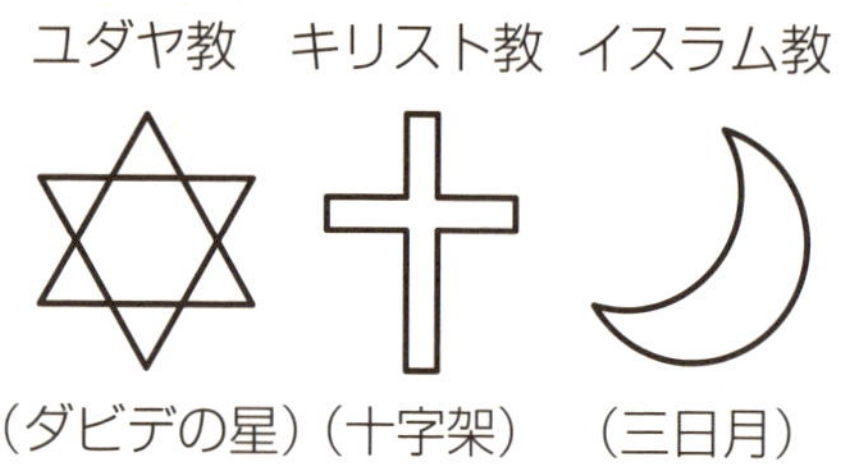

謎045

イスラム教やユダヤ教のシンボルは？

三日月と星の意味

3宗教とも偶像崇拝を戒めているので、厳密にはシンボルと言えるものはありません。

強いてあげるなら、イスラム教は**三日月**。ほとんどのイスラム教国の国旗に三日月のマークが入っています。砂漠の民は太陽を忌まわしいと考え、その反動で月への愛着が深いので聖なるシンボルとした、とする説もあります。

キリスト教のシンボルは、言うまでもなく**十字架**。ユダヤ教のシンボルは**ダビデの星**です。ダビデ王が戦闘のときの楯に描いた紋章が星のマークだったからです。ナチス時代のドイツでは、ユダヤ人であることを示すために、強制的に星の紋章を付けさせられました。

謎046

教会とモスクはどこが違っているの？

聖なる場所か、集会所か

信者が礼拝をする場所は、キリスト教では「教会」と言います。しかし、イスラム教・ユダヤ教では「教会」という言い方はしません。

教会は、キリスト教にとっては、神とキリストと聖霊の宿る場所で、これはキリスト教特有の考え方です。

これに対して、イスラム教とユダヤ教の礼拝所は、それぞれ「モスク」「シナゴーグ」と呼ばれます。共通しているのは、礼拝所は神の宿るところではない、ということです。

イスラムのモスクは、規模の大小や装飾の多少はあっても、単にアラーを褒め称え、慈悲にすがるための祈りの場でしかありません。シナゴーグも礼拝を捧げる信者の集会所です。イスラム教・ユダヤ教には、キリスト教の神父に相当する聖職者はいないので、「教会」にはならないのです。

イスラム教のモスクには何千人もの信者が集まり、全員が一定（メッカ）の方向に向かって定められた礼拝を捧げますが、みんなばらばらで、統制は取れていません。それは、アッラーと個人とは、個々に結ばれるという考えが、強固にあるからです。

豆知識

なぜイスラム教では一日に5回も礼拝するのか？…イスラム教では一切の偶像崇拝が禁止されているため、信者がアッラーの恩恵を忘れがちになることの防止策として、5回の礼拝を義務づけている。

第3章

ヒンドゥー教と仏教の謎

インド生まれの宗教は、
中東生まれの単純明解な一神教とは、
少し違った趣きを見せます。
インド古代思想に根を張った複雑な死と生の観念。
そこに独特の修行や瞑想などが加わって、
私たちを不思議な、しかしやさしい精神の世界に
誘ってくれます。
私たちになじみの深い仏教誕生の秘密とその奥義を、
ベースとなったバラモン、ヒンドゥーの教えとともに
探訪してみましょう。

謎047 インドではどうしてあんなに多彩な宗教が生まれたの？

●インドの民族構成と文明

アーリア人の大移動

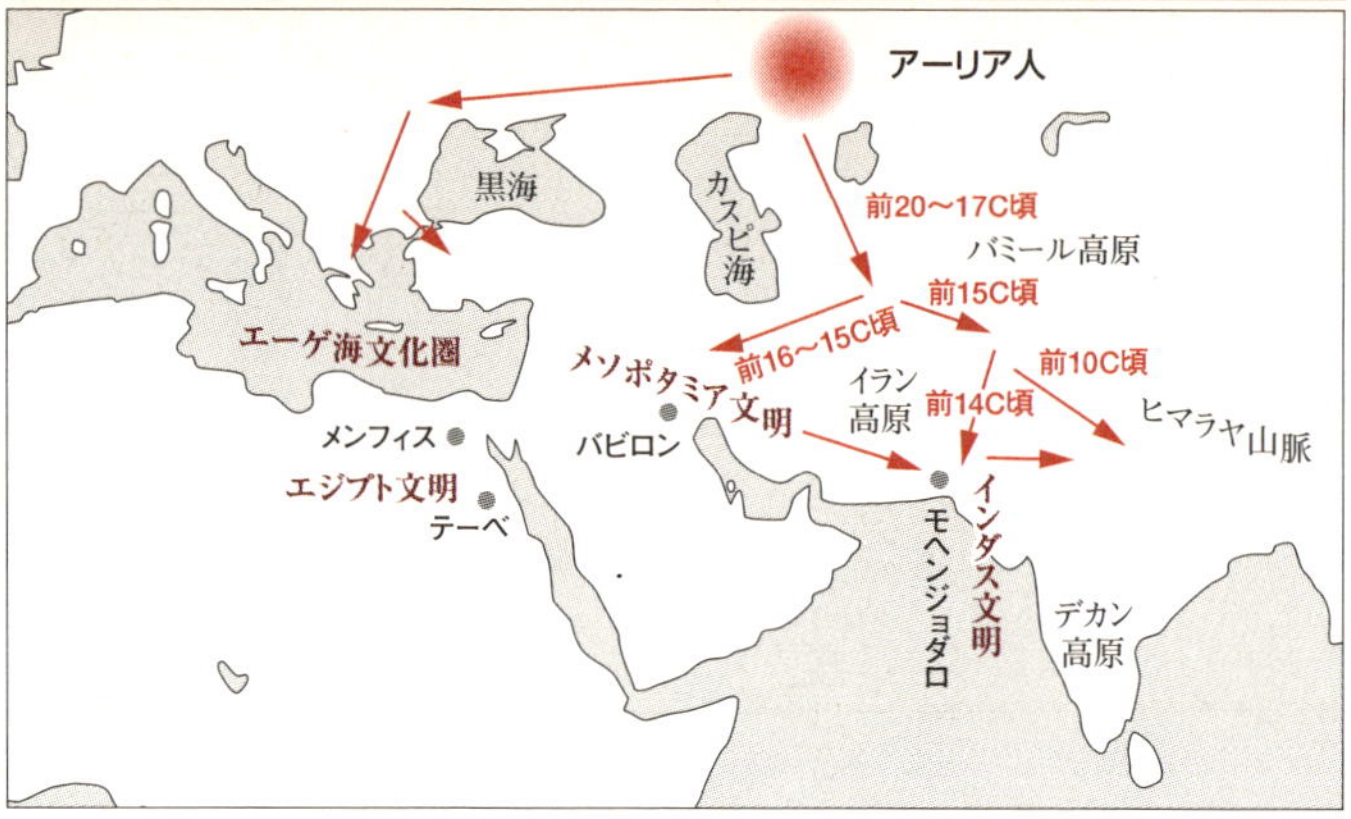

インドは多くの民族が混在する多民族国家で、宗教も実に多彩です。

よく知られた宗教だけでも、バラモン教、ヒンドゥー教、仏教、ジャイナ教、密教、チベット宗教、シク（シーク）教などがあり、さらに仏教とヒンドゥー教にはさまざまな分派があります。小規模な宗教を加えれば、途方もない数の宗教がインドには存在しています。

◆アーリア人と先住民族

インドに多数の宗教が混在するようになったのは、アーリア人がインド亜大陸に侵入して先住諸民族との混血が繰り返され、それらの民族が共存することで、多様な文化が形成されたからだと思われています。

インド文化の起源は、インダス文明です。その発祥は、新石器文化期の紀元前３０００年頃とされ、西北インドのインダス川流域を中心として栄えたのが紀元前２４００年頃です。ハラッパー、モヘンジョダロなどの都市が遺跡として知られていますが、紀元前１５００年頃、突如として滅亡します。

◆輪廻思想もすでに存在

インド宗教の曙も、インダス文明の盛期に重なると推定されています。文明の担い手は多くの人種で構成されていた先住民族で、農耕を営み、その文化水準も高く、遺跡からは上下水道の設備も発掘されています。

彼らの宗教は、推測の域（未だにインダス文字が未解読）を出ませんが、今日のヨガに通じる修業や性器崇拝の信仰、牛を神聖視する考え、さらに輪廻思想の死生観も持っていたとされ、身を清めるための沐浴の習慣もあった、と考えられています。そうした文化・精神風土をすでに作り上げていた西北インドに、アーリア人の大集団が侵入してきます。

◆アーリア人はどこから来たの？

アーリア人の英語名は「コケージャン」。「コーカサス地方の原住民」の意で、もともとはカスピ海沿岸に住む民族でした。紀元前２０００年頃、民族の大移動が起こり、西はギリシャから北ヨーロッパへ向けて、東は西トリキスタン地域に定着後、一部はイラン高原、一部はインド亜大陸へ大移動しました。

後代、ギリシャ、近東地域、インドに、よく似た文明が誕生することになりますが、歴史的に遡ると、このアーリア人の民族大移動がその原因であろうと思われます。

アーリア人がインド亜大陸に移動したのは、紀元前１５００年頃と推定され、西北インドに侵入し、定着するにつれ、次第に先住民を支配するようになります。その結果、アーリア人の文化と土着の文化が交じり合った、インド独特の宗教・習俗が形成されることになるのです。

豆知識

インダス川…インダス文明が発生したインダス川は、チベットを源流とし、パンジャブ地方・タール砂漠を経て、アラビア海に注ぐ、全長約2900ｋｍの大河。バラモン教は、インダス文明の滅亡から始まった、とされる。

謎048

釈迦以前のインドにはどんな宗教があったの？

仏教、ヒンドゥー教の土台になったバラモン教

インドに移住したアーリア人は、歴史と信仰を神々への賛歌として、「賛歌（リチ）」の「書（ヴェーダ）」すなわち『リグ・ヴェーダ』をまとめました。紀元前1200～1000年頃のことです。

◆バラモン教の成立

この『リグ・ヴェーダ』の後、『サーマ・ヴェーダ』『ヤジュル・ヴェーダ』など三編が次々と作られますが、いずれも神々からの啓示を受けたとする「天啓聖典」で、そこには天地創造の神話・神々への信仰・四つのカーストの起源などが記されています。

この『ヴェーダ』を「聖典」として奉じる宗教が「バラモン教」です。「ヴェーダの宗教」とも言われますが、祭祀の執行者がアーリア人のバラモン（清い行いをする人）であったため、「バラモン教」と呼ばれるようになりました。

カースト制度の四種姓

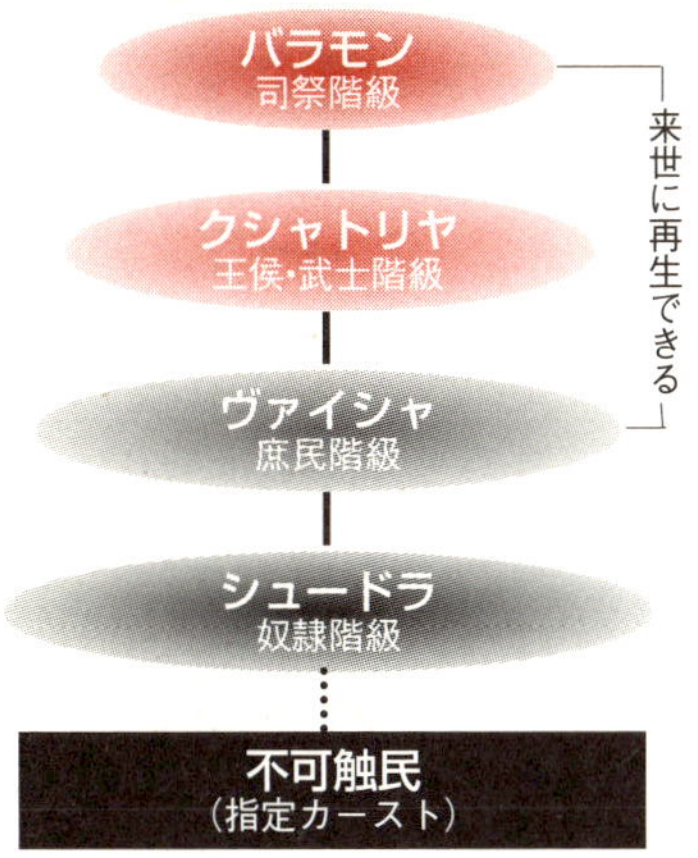

カースト制度の4種のヴァルナ。このうち上位の2種姓だけが、来世に生まれ変わることができます。

◆カースト制度とは？

カースト制度は、バラモン（祭祀階級）・クシャトリア（王侯や兵士の階級）・ヴァイシャ（庶民階級）・シュードラ（奴隷階級）の4階級から成る「ヴァルナ＝種姓」と、さまざまな世襲職業集団である「ジャーティ（生まれの意味）」によって構成されています。この「ヴァルナ」と「ジャーティ」が複雑に結合して生み出される排他的社会制度全体が、「カースト制度」なのです。

四種姓中の最上級・バラモンは、『ヴェーダ』に書かれた真実の言葉＝「ブラフマン」の知識を独占し、祭祀を執行することで、国王でさえもその言葉には従わざるを得ない、絶大な権力を行使していました。

◆輪廻転生と解脱の思想

『ヴェーダ』に登場する神々のほとんどは、太陽神・風神・雨神などの自然神です。しかし、その中からやがて、宇宙の創造神や宇宙の根本原理が考えられるようになりました。『ヴェーダ』の最終部分「ウパニシャッド（奥義書）」には、こんなことが書いてあります。

《宇宙の根本原理であるブラフマンと自己に内在する実体であるアートマンは、本来、同一（梵我一如《ぼんがいちにょ》）である。この真理を悟れば、輪廻転生《りんねてんしょう》から脱け出せる＝解脱《げだつ》》

輪廻転生とは、人は生前の行い（業《ごう》＝カルマン）によって、死後も動物や植物、他の人間などに生まれ変わり、これを永遠に繰り返すという思想です。その生まれ変わりを決定するのは、生前の行い。善い行いは善い結果に、悪い行いは悪い結果につながる、という因果応報の世界です。

しかし、ブラフマンの真理を正しく悟れば、この繰り返しから脱け出して（解脱）、死後はブラフマンの世界に行くことができる、と説くのです。

この思想は、後のインド哲学の基礎となり、仏教の誕生にも大きな影響を与えました。

豆知識

ヴェーダ…「書・知識」の意。『ヴェーダ』は紀元前1200～500年頃にかけてインドで編纂され、バラモン教では聖典とされた。長い歴史を通じて口承されたものを、後世になって議論を重ね、書き記された文書の総称でもある。

謎049 釈迦はどんな人だったの？どんなことを教えたの？

釈迦の生涯とその教え

釈迦の生誕は、紀元前624年（諸説あり）。本名は**ゴータマ・シッダルータ**と言い、北部インドのルンビニー（現ネパールのタラーイ地方）の釈迦族が統治する、小さな王国の王子として生まれました。後に仏教を創始してからは、釈迦・仏陀・釈尊などと呼ばれています。

ちなみに「**釈迦**」というのは、釈迦族の王子から取られた呼び名で、「**仏陀**」とは「悟った人（覚者）」を意味する言葉です。

◆妻子を捨てて修行生活に

釈迦は、少年期までは、『ヴェーダ』（前出）を学習するアーリア的（釈迦族はアーリア人ではありませんが）な生活を営み、王子として恵まれた環境で育てられて、16歳で結婚、一子を設けます。

ある日、城の外に出た釈迦は、東門で老人に会って老いの苦しみを知り、南門で病人に会って病の苦しみを知り、西門で死人を見て死の恐ろしさを知り、北門で修行者に会いました。このエピソードは「**四門出遊**」として後代に伝承されます。

それ以後、人間の生きることの苦しみや己の人生の目的について思い悩むようになった釈迦は、29歳で突然、妻子と父母を捨てて出家し、修行者を師として修行生活に入ります。

この師のもとで6年間、修行を続けた釈迦ですが、結局、その修行は苦行ばかりで、解脱の境地に至らないことを悟ります。師を離れた釈迦は、ガヤーの山林の菩提樹の下で、独り瞑想にふけり、21日目の夜明けに突然、悟りを得ます。

シッダルータは35歳にして仏陀となります。仏教ではこのことを大いなる悟りを得たとして「**大悟**」と呼んでいます。その後、釈迦は、サールナートを手始めに、インドの各地を回って教えを説き、80歳のとき、クシナガラで**入滅**（死亡）しました。

釈迦にゆかりのあるサールナート、ルンビニー、ブッダガヤー、クシナガラは、その後、仏教徒の聖地となりました。

◆人生の「苦」とは何か？

釈迦は、人が生きるということは「**苦**」そのものであると説きました。

「苦」とは何でしょう？ まず生・老・病・死の「**四苦**」があります。これに、**怨憎会苦**《おんぞうえく》＝嫌いな人と一緒になる苦、**愛別離苦**《あいべつりく》＝愛する人と別れる苦、**求不得苦**《ぐふとくく》＝求めても得られない苦、**五陰盛苦**《ごうんじょうく》＝欲望に執着して生きる苦、の4つを加えて「**八苦**」。人生とは「四苦八苦」である、というのです。

そして釈迦は、その「苦」の原因は「**縁起**《えんぎ》」にあると説きました。「縁起」とは、「物事は互いに関係しあって因果のうちに存在している」という意味です。

人間は「**無明**」（無知）であるが故に迷い、その迷いがあるから愛憎の念を持ち、執着して苦しむのである、と考えたのです。

釈迦は菩提樹の下で瞑想にふけり、悟りに達しましたが、その悟りの内容の中心が、この「縁起」でした。

そして、もし人が「無明」である状態から逃れることができれば、苦悩もなくなるとして、「**四諦**」「**八正道**」を説きました。

◆「四諦」と「八正道」

「**四諦**」とは、4つの真理のことで、以下の4つを示します。

①**苦諦**《くたい》＝人生は本質的に苦であり、自分の思い通りにはならない、と認識すること。

②**集諦**《じったい》＝人生が苦であることの原因は、煩悩や欲望である。

③**滅諦**《めったい》＝苦の原因である煩悩

豆知識

釈迦の前世の行い…釈迦は前世においても何度も生まれ変わり、修行を繰り返し、最後に生まれたところが兜率天と呼ばれる天界。ここで修行を完成させ、仏陀になるためにこの世に下りてきた、という伝説がある。

釈迦の四大聖地とは？

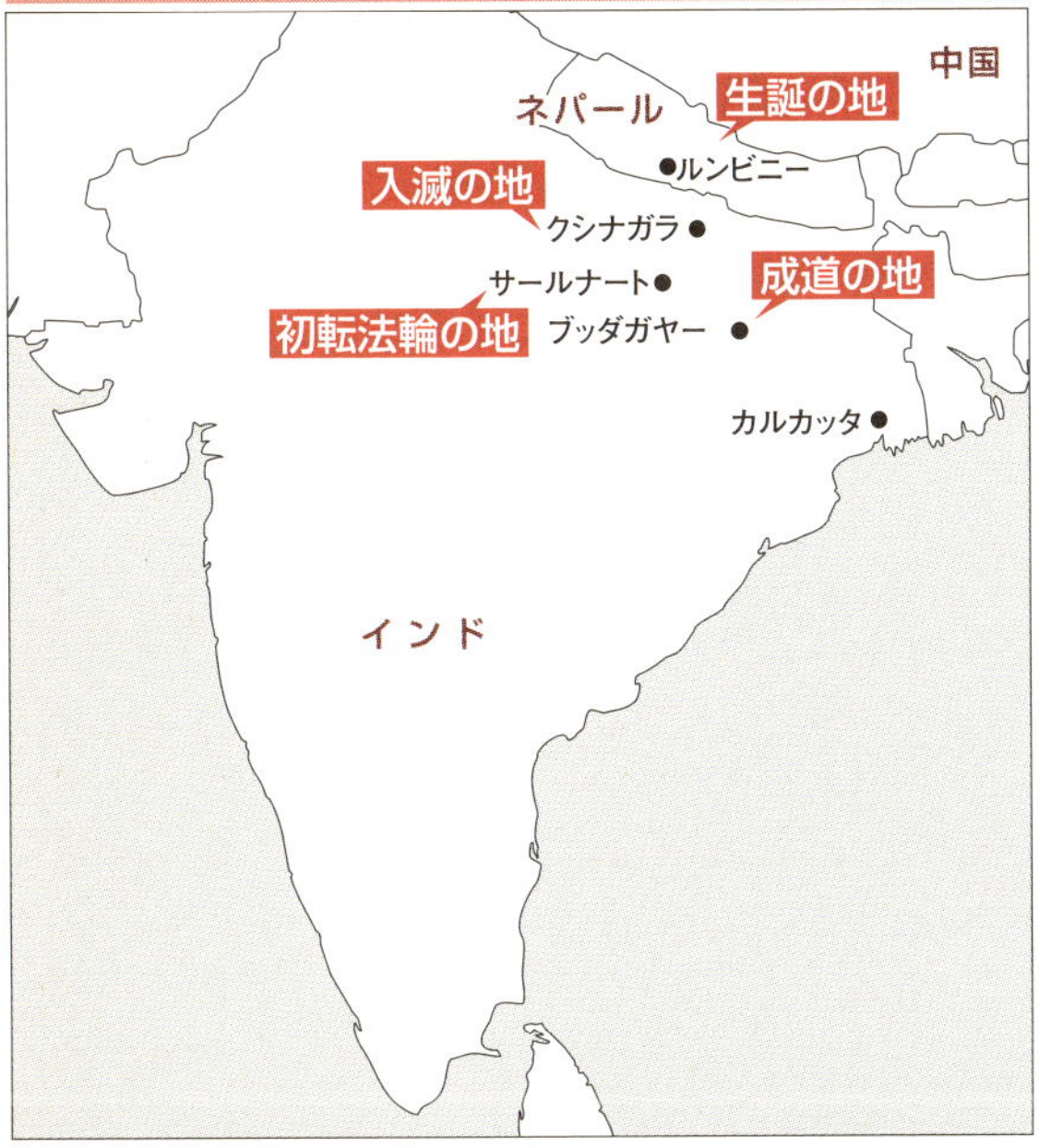

まず釈迦が生まれた生誕の地・ルンビニー、悟りを開いた成道の地・ブッダガヤー（元は「ガヤー」。釈迦が仏陀になったことから「ブッダガヤー」と呼ばれるようになった）、初めて教えを説いた初転法輪の地・サールナート、入滅の地・クシナガラが、聖地とされています。

釈迦が説いた4つの真理

図に示した4つの真理を知った上で、8つの正しい方法＝「八正道」を行えば、無明の状態から逃れて、「苦」もなくなる、と釈迦は説きました。

を取り除けば、苦も消滅し、悟りの境地に至る。

④**道諦《どうたい》**＝苦の原因を取り除くためには、8つの正しい方法を行わなくてはならない。

④の「8つの正しい方法」とは、以下に示す「**八正道**」を指します。

①**正見《しょうけん》**＝物事をありのままに見て、正しい見解を持つこと。

②**正思惟《しょうしゆい》**＝物事の道理を正しく考えること。

③**正語《しょうご》**＝嘘のない正しい言葉で語ること。

④**正業《しょうごう》**＝常に正しい行いをすること。

⑤**正命《しょうみょう》**＝正しく清らかな生活を送ること。

⑥**正精進《しょうしょうじん》**＝正しい目的に向かって努力すること。

⑦**正念《しょうねん》**＝邪念を持たず、正しい道を思念すること。

⑧**正定《しょうじょう》**＝精神を集中し、心を安定にすること。

きわめて実践的に説かれるこの「八正道」は、日常倫理と宗教倫理の一致を目指した教説として、後の大乗仏教にも受け継がれます。

◆釈迦の教えの根本原理

釈迦はこれらの教えの根底として、この世を動かしている3つの原理を解き明かしています。これを「**三法印**」と言います。列挙してみましょう。

◆**諸行無常《しょぎょうむじょう》**…人はやがて老い、必ず死ぬ（この世に常なるものはなく、万物は流転する）。

◆**諸法無我《しょほうむが》**…物事はすべて原因と条件により現れる。すなわち「縁起」こそが宇宙の森羅万象の性格であり、永続すべき実体はない。

◆**涅槃寂静《ねはんじゃくじょう》**…この動かしがたい真理を前にしては、人間の幸も不幸も、成功も失敗も、すべて因縁であり、その理をわきまえずして苦しむのは「我執」である。我執を克服すれば、平安なる境地が得られる。

こうした釈迦の教えは、死後、弟子たちが「結集」して多数の経典にまとめられ、今日の仏教の基となる原始仏教が作られたのでした。

豆知識

釈迦の遺骨…釈迦はクシナガラで火葬にされた。遺骨は8つに分けられ、それを祀るストゥーパ（塔）が各地に建てられた。19世紀末にインド・ネパール国境のピプラワー遺跡から遺骨が出土、本物と立証されている。

謎050 タイやミャンマーの仏教と中国・日本の仏教はどう違うの？

大乗仏教と小乗仏教の違い

仏教はどう伝わっていった？

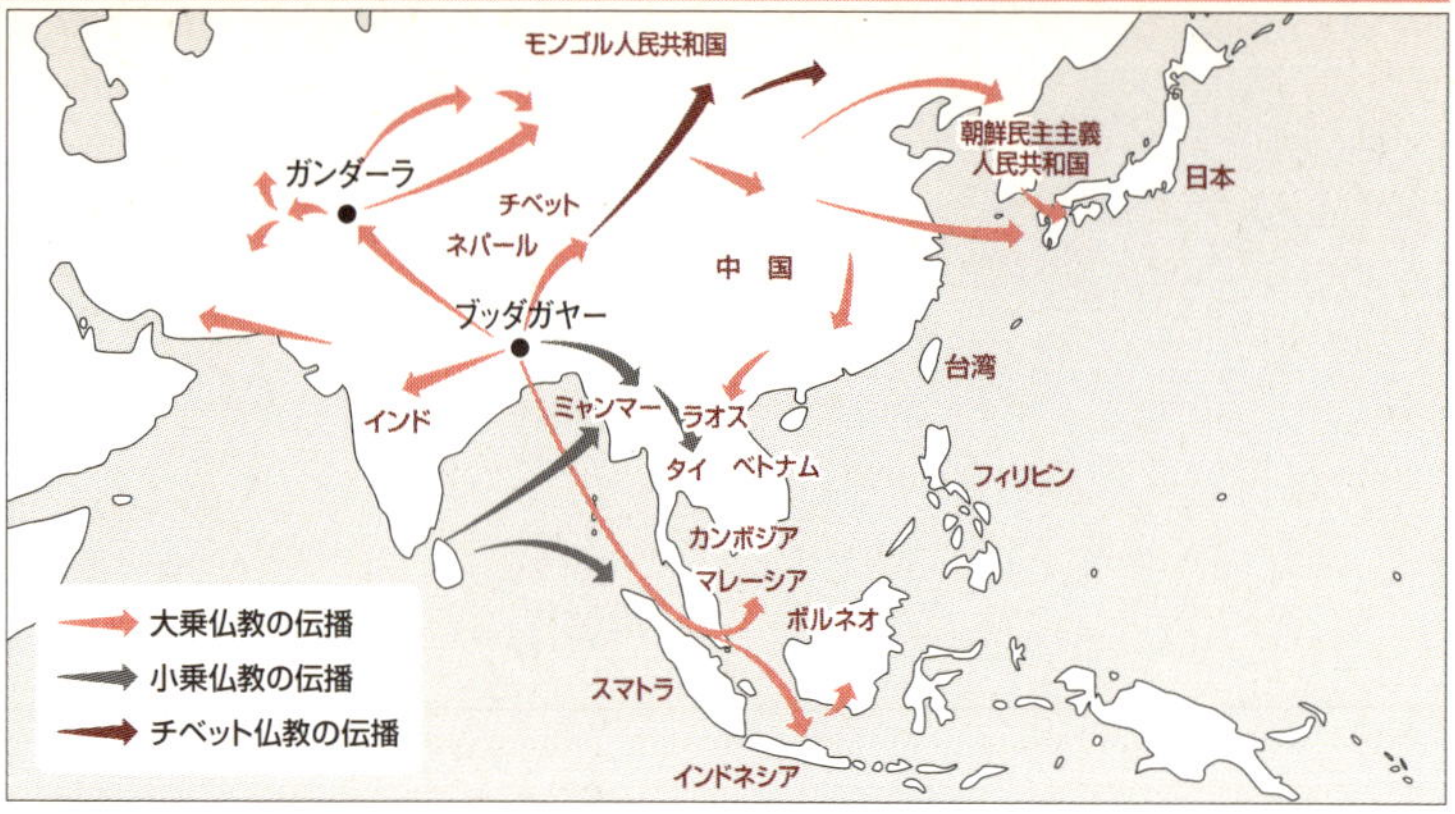

大乗仏教は、西域のガンダーラ経由で中国、朝鮮半島、日本に伝播しました。一方、小乗仏教は、南のスリランカ経由または陸路でミャンマー、タイへ。ネパールを経由した仏教は、チベットに入って「チベット仏教」となりました。

釈迦が入滅した後の紀元前3世紀頃、釈迦の弟子たちの間で意見の相違が生まれ、原始仏教が二派に分裂しました。出家主義をとり、厳格な戒律を重視する「**上座部仏教**」と、出家在家にとらわれず、釈迦の教えを広く大衆に広めることを主張した「**大乗仏教**」です。

◆小さな船と大きな船

上座部仏教は、出家して厳しい修行を積むことによってのみ悟りを得られる、としたため、限られた人たちしか救われません。これを批判した大乗仏教側は、「少人数しか乗れない小さな船」にたとえて、上座部仏教を「**小乗仏教**」とも呼びました。

大乗仏教は、2～3世紀頃、デカン高原にあったアーンドラ王国のナーガールジュナの「中論」により集大成されたとされています。

以後、大乗仏教は、インド東北部のガンダーラやネパールなどを経由して中国に伝播したことから「**北伝仏教**」とも呼び、一方の上座部仏教は、南方のスリランカを経由してタイ、ビルマ（現ミャンマー）などの東南アジア諸国に伝わったため、「**南伝仏教**」とも呼ばれます。

◆大乗仏教はさまざまに変化

アジア各地に広がった仏教は、それぞれの国で発展を遂げました。大乗仏教が伝わった中国では、シルクロードを通じて伝播された西方の文化や儒教・道教がミックスされた独自の大乗経典が成立。その経典を移入した日本では、土着の神道などと融合して、独特の密教が生まれたり、平安末期以降には、「他力本願」を唱える新しい民衆仏教が誕生したりしました。

◆20歳過ぎると一度は出家

これに対して、上座部仏教が伝わった東南アジア諸国の仏教は、インドの原始仏教の原型を保ちながら発展しました。その典型的な国がタイです。国民の約95％が敬虔な仏教徒で、男性は20歳を過ぎると、最低1カ月は出家することを慣行とし、出家した僧侶には227にも及ぶ厳しい戒律が課せられます。その間、セックスはもちろんのこと、女性に触れることも禁じられています。

タイでは、僧侶に布施することが功徳を積むことになり、来世の安穏が保障されると考えられています。僧侶の生活は、こうした人々からの喜捨（施し）によって維持されています。

これら上座部仏教圏では、礼儀や習慣も日本とは異なり、行ってはならないタブーもあります。特に、頭を触られることは最大の屈辱と考えられているので、たとえ小さな子どもに対しても、絶対に慎まなければなりません。

豆知識

大乗・小乗仏教と釈迦との関係…大乗仏教では、釈迦を、宇宙仏である「毘盧遮那仏《びるしゃなぶつ》」が遣わした如来ととらえ、出家以前の釈迦も崇拝している。一方の小乗仏教では、出家後の悟りを開いた釈迦のみを崇拝している。

謎051

インドはなぜ、仏教国にならなかったの？

●ヒンドゥーが栄え、仏教が衰退した理由

インドの宗教人口

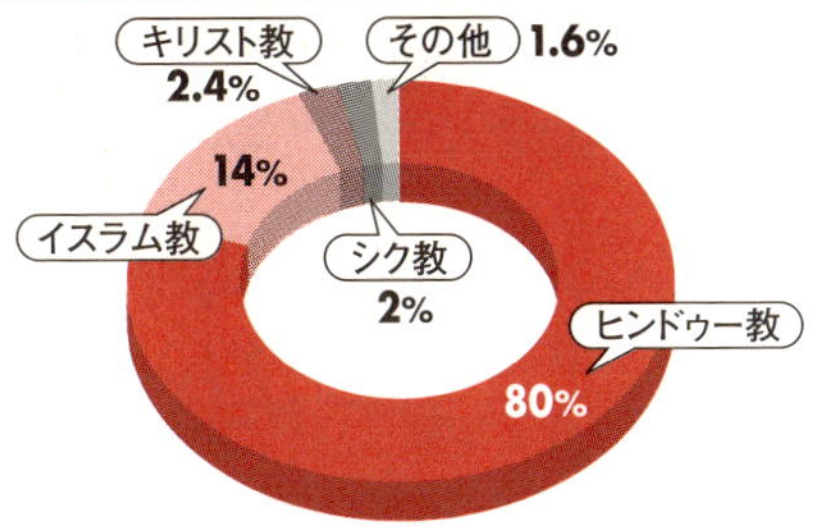

インドの人口の8割、約8億人が信仰するヒンドゥー教は、世界的に見ても大宗教。対する仏教は、人口の1%にも充たない弱小宗派となっています。

仏教を生んだインドですが、現在、その人口10億人の8割以上が、ヒンドゥー教徒です。仏教徒の数は、数百万人にすぎません。なぜ、仏教はインドで発展しなかったのでしょうか？

◆西ローマ帝国の滅亡が関係？

インドの大乗仏教がアジア諸国に伝わったのは5～6世紀にかけてですが、その時代のインドは、西ローマ帝国との貿易が盛んな頃でした。そうした交易で栄えた商人たちは、当時の仏教を支えた大きな勢力でした。ところが、西暦476年の西ローマ帝国の滅亡で貿易が途絶えてしまい、商人の勢いもなくなり、仏教は主な支持基盤を失うことになりました。それを期に、仏教そのものも変質を余儀なくされます。

◆変質したインド仏教

そうした変質のひとつの現れが、7世紀後半に流行した**密教**です。密教は、現世利益につながる儀礼を行い、呪文を唱えるなどして、ヒンドゥー教のエッセンスを巧みに取り入れ、民衆の歓心を呼びました。それまでの仏教は、病気治療や延命などは、呪術に繋がる行いとして禁じていましたが、その禁を解いたのです。中には、セックスを悟りの手段とする派まで現われ、正統を任じる仏教勢力から排除されました。

こうした変質の背景には、ヒンドゥー教の勢力拡大があり、仏教側も大衆の要求に応えざるを得なかった、という事情がありました。しかし、その密教も一時的な流行で終わります。そこへ、12～13世紀にかけての**イスラム教徒の侵入**という要因が加わって、仏教の衰退は決定的となってしまいます。

◆ヒンドゥーの強さの秘密

これに対して、ヒンドゥー教は、イスラムの侵攻によっても、キリスト教国・イギリスの植民地支配によっても、結局、改宗は果たされず、信者数では世界で3番目という大宗教の地位を守り続けています。

ヒンドゥー教は、バラモン教がインド各地の土俗的信仰や習俗を取り入れながら、徐々に変化を遂げ、大衆的に進化した宗教です。したがって、ヒンドゥー教の聖典や、輪廻や解脱などのインド独特の概念は、バラモン教から受け継いだものです。創始者も分からない多神教で、聖典も神々の数だけあり、統一的な教義も持たず、あらゆる神を認めてしまう寛容さ。ほかの宗教の尺度が通用しない宗教、それがヒンドゥー教の特徴なのかもしれません。

ヒンドゥー教の根強さのもうひとつの理由は、インド独特の社会制度・**カースト制度**（謎048参照）との密接な繋がりにあります。カースト制度は、第2次世界大戦後の1950年に廃止されたにもかかわらず、未だにインド社会の構成理念として生き続けています。

あまりにもインド的なこうした宗教的事情と社会的事情が、仏教が衰えた原因になっているのかもしれません。

豆知識
釈迦の誕生伝説…釈迦は、生まれるや否や「天上天下唯我独尊」と宣言。ヒンドゥー教の神でもある梵天（ブラフマン）と帝釈天（インド神話のインドラ神）の2大守護神が、釈迦に清らかな水を注いだ、との伝説がある。仏教はヒンドゥー教の影響大。

謎052

仏教は日本にどう伝わり、どんな宗派が生まれたの？

初期・飛鳥時代の仏教から平安仏教まで

　仏教が日本に伝わったのは、538年とされています。この年、隣国の百済《くだら》からきらきら光る仏像と経典が送られてきます。この仏教を巡って、当時の実力者であった蘇我氏と物部氏が対立したことは、歴史の教科書でもおなじみだと思います。

　他国の神を崇拝すべきでないと主張した廃仏派の物部氏と、渡来系で崇仏派の蘇我氏の争いは、結局、聖徳太子の後押しを受けた蘇我馬子が物部守屋を討伐することで、容仏派の勝利に終わります。

◆聖徳太子の功績

　聖徳太子は、仏教を積極的に政治理念として取り入れた最初の指導者です。7世紀初頭、遣隋使を派遣した太子は、中国の文化（儒教など）や制度の導入を図りますが、中でも重視したのが仏教でした。太子が制定した「**十七条憲法**」でも、その第二条に、「あつく三宝（仏教のこと）を敬え」とあります。これが第二条に出てくるということは、2番目に重要と考えた、ということです。

　実際、聖徳太子は、四天王寺・法隆寺・広隆寺などの寺院を建立したり、民衆のための救済施設を築くなどして、仏教の普及に力を注ぎました。

◆奈良仏教の隆盛

　奈良時代になると、留学僧が遣唐使として唐に渡り、また鑑《がん》真《じん》などの来日もあって、多くの宗派が日本に伝えられました。時の権力者・**聖武天皇**は、興福寺・東大寺・薬師寺・唐招提寺を建立するとともに、全国に**国分寺**、**国分尼寺**を建立して、仏教思想によって国を統括しようと試みました。

　当時の僧たちは、それらの寺院を拠点として仏教の学習・研究に励みます。その中心となったのが、法相宗・律宗・華厳宗などの「**南都六宗**」でした。朝廷は寺院を官立として手厚く保護したため、仏教文化は絢爛豪華に花開き、政治と仏教はますます関係を深めていきます。朝廷が仏教に期待したのは、その呪術的要素による国家鎮護、五穀豊穣などの現世利益でした。

◆学問仏教から布教する仏教へ

　この時代の仏教は、まだ「**学問仏教**」で、貴族などの上流階級の間で信奉されているにすぎませんでした。そんな中、初めて民衆に仏教を布教しようとしたのが、**行基**《ぎょうき》です。

　行基は、薬師寺などで法相宗を修めましたが、その教えを広めようと近畿地方に布教道場を開き、橋や池・道路を修築するなどの社会事業を精力的に行ったため、次第に「行基菩薩」として民衆から崇められるようになりました。

　中には、行基に従おうと、自ら剃髪して**私度僧**《しどそう》（国家の統制に属さない僧）になる者が出てきたりしたので、朝廷は「**僧尼令**」を発布して、勝手に僧になることを禁じるとともに、僧たちの一般民衆への布教活動を禁じました。

◆「一切皆成」を説いた最澄

　平安時代に入ると、まったく新しい仏教が登場します。804年に遣唐使の随員として唐に渡った二人の僧、最澄と空海が、唐からもたらしたものでした。

　最澄は、19歳のとき、東大寺の官僧（正式の僧）になりましたが、南都諸宗の教えに不満を抱き、直後、比叡山に隠遁、12年間の修行生活に入ります。入唐は38歳のとき。天台山で天台教学（円教）を授かるとともに、密教・禅・戒律を学んで、翌年、帰国します。その最澄に、病床

豆知識

最澄と空海の語学レベル…最澄は通訳を伴って入唐したことから、中国語には不自由だったことが伺えるが、空海は入唐前、すでに中国語をマスターしていて、唐の長安ではインドのサンスクリット語を覚えるほど、天才的な語学力を持っていた。

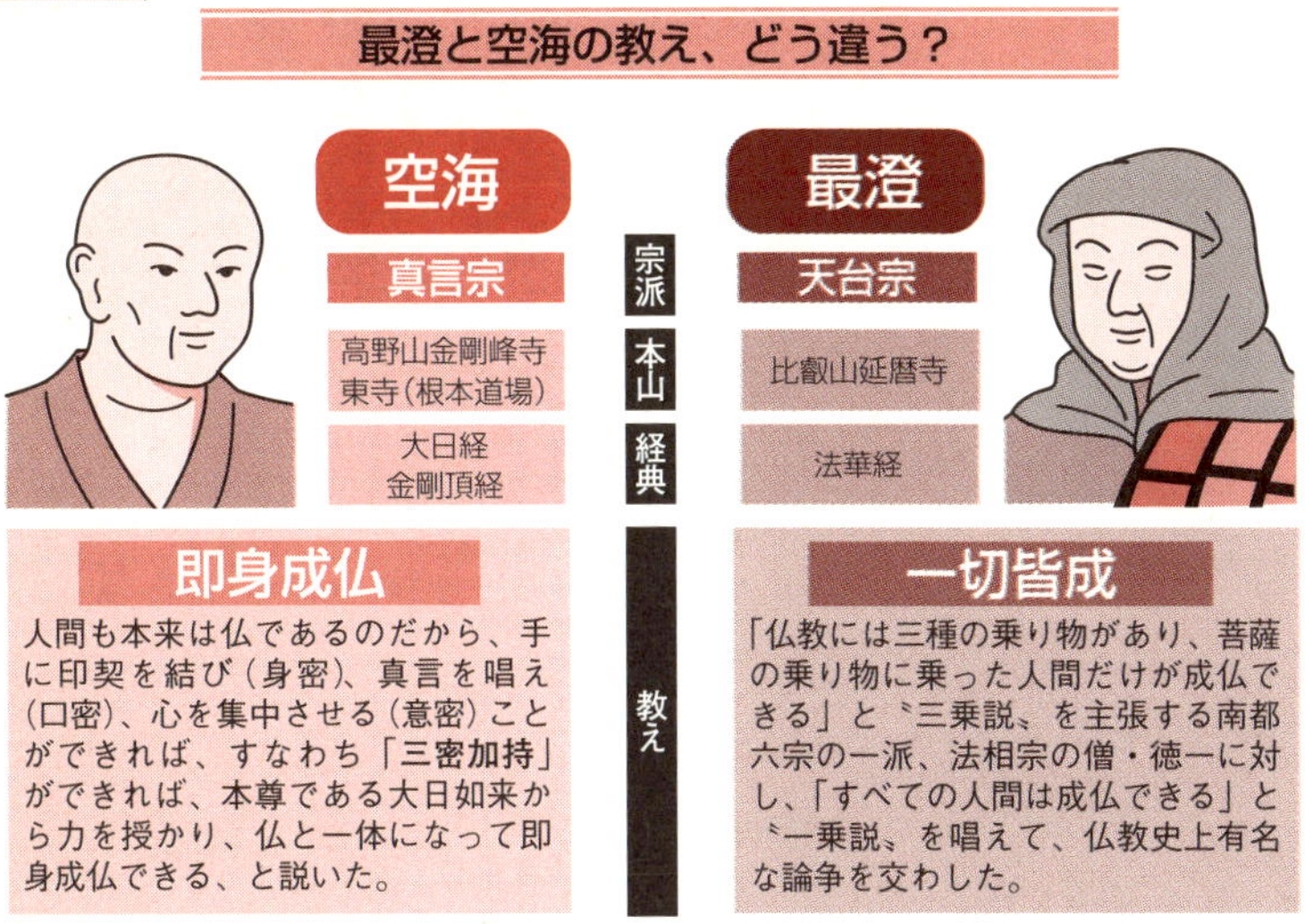
最澄と空海の教え、どう違う？
空海
真言宗
高野山金剛峰寺
東寺（根本道場）
大日経
金剛頂経
最澄
天台宗
比叡山延暦寺
法華経
宗派
本山
経典
教え
即身成仏
人間も本来は仏であるのだから、手に印契を結び（身密）、真言を唱え（口密）、心を集中させる（意密）ことができれば、すなわち「三密加持」ができれば、本尊である大日如来から力を授かり、仏と一体になって即身成仏できる、と説いた。
一切皆成
「仏教には三種の乗り物があり、菩薩の乗り物に乗った人間だけが成仏できる」と〝三乗説〟を主張する南都六宗の一派、法相宗の僧・徳一に対し、「すべての人間は成仏できる」と〝一乗説〟を唱えて、仏教史上有名な論争を交わした。

にあった桓武天皇からお呼びがかかり、病気治癒を祈願。その功績で、「**天台宗**」を開くことが認められ、810年、比叡山に延暦寺を建立します。

最澄の教えの特徴は、「すべての人間が成仏できる」と説く「**一切皆成**《いっさいかいじょう》」という考え方にありました。この説ゆえに、最澄は、「成仏できるのは特定の条件を満たす人間だけ」とした南都諸宗と激しく対立します。

仏教には、「**顕教**《けんぎょう》＝顕わになった教え」と「**密教**＝奥深い秘密の教え」があるとされます。最澄が伝えたのは、円・密・禅・戒の四宗ですが、その中には顕教も密教もあり、それらを総合した教えであるところも、天台宗の大きな特徴でした。

しかし、朝廷がもっぱら興味を示したのは、密教でした。最澄死後の天台宗は、そのため、どんどん密教色を深めていくことになり、空海の「**東密**《とうみつ》」に対して「**台密**《たいみつ》」と呼ばれるようになります。最澄自身も、一時期、空海から密教を教わりましたが、思想的な違いから決別しました。

◆「即身成仏」を説いた空海

空海は、18歳で修行者への道を歩み始めます。24歳にして仏教が究極の真理であると論じた「三教指帰」を著す博識家でしたが、修行中の神秘体験などもあって、31歳で密教をきわめるために入唐します。

唐では、高僧・恵果から密教の奥義すべてを伝授されて帰国。持ち帰った膨大な経典を「請来目録」として朝廷に献上します。816年には、嵯峨天皇より高野山の土地を賜り、金剛峰寺を建立、これを真言宗（真言密教）の総本山とし、京都の東寺を根本道場としました。真言宗の密教を「東密」と呼ぶのは、このためです。

空海の教えの特徴は、大日如来の教えに立脚して「**即身成仏**」を説いたところにあります。人間も本来は仏であるから、身体・言葉・心の働きを大日如来と一体となって修行すれば、そのままの姿で仏になれる、という教えです。そして、真言宗こそが仏教思想の頂点に立つ教えであると主張し、他の宗派を認めませんでした。

◆末法思想の流行

平安の末期になると、洪水・冷害・旱魃などの天災が頻発し、平安京では大火事が発生、農村でも飢餓・疫病のために大量の死者が出たため、世に「**末法**《まっ》《ぽう》**思想**」が蔓延しました。「末法」とは、釈迦入滅の2000年後から仏法が衰え、世が乱れる時代に入る、とする考えで、平安の中期がその時代に該当していました。僧たちは「ついに末法の時代がやってきた」と捉え、念仏を唱えることで極楽浄土への往生が達成されるとする「**浄土信仰**」を説き始めました。

◆浄土信仰の登場

この浄土信仰を最初に布教したのは、10世紀初頭に現れた遊行僧《ゆぎょうそう》・**空也上人**です。空也は鉦《かね》を叩き、踊りながら「南無阿弥陀仏」と念仏を唱えて日本全土を遍歴し、教えを広めました。

10世紀末になると、**源信**が登場して、『**往生要集**』を著し、「**厭離穢土**《えんりえど》＝けがれたこの世を離れよう」「**欣求浄土**《ごんぐ》＝浄土への往生を願おう」と説きました。源信の著した『往生要集』は、後の法然と親鸞に受け継がれ、浄土宗・浄土真宗の源流となりました。

豆知識

末法思想…釈迦入滅後の時代を正・像・末の3つに分けて考え、「末法時代」には釈迦の教えのみがあって、修行する者もなく、修行の成果も得られない時期が1万年続くとする、仏教の歴史観。平安末期、一般民衆のみならず仏教者たちも危機感を抱いた。

謎053

いまの仏教宗派はいつ頃、どうやって始まったの？

●鎌倉民衆仏教の起こり

平安末期から鎌倉初期にかけての時代は、源氏と平家が争い、天変地異が続発するなど、きわめて不安定な時代でした。そうした時代を背景として、不安におののく一般民衆の救済を図ろうとする仏教宗派が、次々と登場します。「**民衆仏教**」と呼ばれる諸派で、現在の仏教界を代表する大宗派のほとんどが、この時期に誕生するのです。

◆法然が説いた「念仏専修」

まず登場するのが、**法然**の「**浄土宗**」です。法然は、それまで出家者や在家者に求められていた経典の学識・戒律・修業などを否定し、ただ「**南無阿弥陀仏**」と唱えるだけで極楽浄土に生まれること（**往生**）ができ、仏になれる（**成仏**）と説きました。この簡潔な教えは、仏教の教えを知らない民衆や貧しい人々の間に、急速に広まっていきました。

法然は1133年、美作国（現在の岡山県）の生まれ。比叡山で天台宗を学んだ後、18歳のときに慈眼房叡空に師事。善導大師の「一心に念仏を唱えることが極楽往生を約束する唯一の行である」という教えに触れて、「専修念仏」の立場を確立します。

43歳のとき、念仏を広める決意を固めて比叡山を下り、「浄土宗」を開きましたが、「南無阿弥陀仏」を唱えるだけで往生できる、と説くその教義は、修行や戒律を重んじる旧来の宗派から激しい反発を買い、75歳のときには四国へ流罪とされてしまいます。4年後、赦されて京都に戻りましたが、80歳でその生涯を閉じました。

謎054

他力本願ってどういうことを言ってるの？

在家仏教の始まり

法然の「念仏専修」を受け継いで「**浄土真宗**」を興したのが、弟子の**親鸞**です。法然の流罪に連座し、僧の身分を剥奪、俗名を名乗らされて、越後（現在の新潟県）に流されますが、赦された後、常陸国（現在の茨城県）に居を定め、農民を中心に浄土真宗の布教に専念します。

親鸞は自らを「僧に非ず、俗に非ず」として、従来の僧のタブーを破り、生涯の伴侶・恵信尼と結婚。62歳で家族と共に京都に上りましたが、以後、妻との離別、息子・善鸞との絶交などの波乱の人生を歩み、90歳で死去。親鸞は、弟子を取らず、教団も作るつもりはなく、浄土真宗が教団としての体制を整えたのは、親鸞没後、10年を経てからのことでした。

親鸞の教えの特徴は、師の法然が、「念仏の行を積め。そうすれば極楽に往生できる」と、「念仏」を人間の努力のひとつとして教えたのに対し、「阿弥陀仏を信心したその時点で往生が決まる」と説いたところにあります。阿弥陀仏の慈悲にすがれば、阿弥陀仏のほうから救いにやってきてくださる、というわけです。

親鸞のこうした考え方を「**他力本願**」と呼びます。これに対して、それまでの教えはすべて、人間の側の何らかの行い（修行など）を救いの前提としているので、「**自力本願**」と言います。

◆日蓮と「南無妙法蓮華経」

来世での救済を説く浄土宗に対して、現世での救済を強く主張したのが、**日蓮**です。

日蓮は安房国（現在の千葉県）に生まれ、天台教学を学びましたが、32歳のとき、『法華経』こそが最高の経典であると確信

豆知識

ヒンドゥー教が教える他力と自力…親猫が子猫の首を噛んで運び、子猫は他力にすがって延命するが、猿は小猿が自力で親猿にしがみついて生きる。このたとえから、人間が神に救いを求めるときは、他力の猫か、自力の猿の道を選ぶしかない、と教える。

し、**「日蓮宗」**を開きます。

当時は、地震・暴風雨などの天変地異と疫病・飢饉が蔓延する悲惨な国情でした。日蓮は、その原因は浄土宗の流行にあると非難するとともに、法華経の信仰に戻らなければ内乱と他国の侵略を受けると考え、『立正安国論』を著して鎌倉幕府に呈上します。しかし、逆に、日蓮こそ邪教であるとされ、伊豆へ流罪とされてしまいました。

1274年の蒙古襲来でこの予言が的中すると、日蓮は、「我、日本の柱とならん」と、再び幕府に働きかけましたが、またも佐渡へ流罪。61歳で生涯を閉じます。

日蓮は、『法華経』の功徳が集約されている**「南無妙法蓮華経」**の七文字を**「唱題**（口に出して唱える）」することによって、この身のまま成仏できる（即身成仏）と説きました。さらに日蓮は、法華経に記された真実は、信じて身に行うことが必要と説き、その理想を実現するためには、国家・社会がすべて法華経の精神によって運営される必要があると説きました。

日蓮宗の特徴は、この社会性と実践重視の考え方にあるのですが、そのことが後に多くの分派を生むことになり、また、政治的なイデオロギーと結びつく理由ともなりました。

法然・親鸞・日蓮の教え

宗派	開祖	本山	本尊	経典	教えの特徴
浄土宗	法然	知恩院。他に七大本山と各宗派の総本山	阿弥陀如来。右側に観音菩薩、左側に勢至菩薩を脇侍として祀ることがある。	無量寿経、観無量寿経、阿弥陀経	「南無阿弥陀仏」と唱え、専ら念仏の行を積めば、阿弥陀仏の力によって極楽浄土に往生できると説き、その他の修行は不要として、一般大衆に門戸をひらいた。
浄土真宗	親鸞	西本願寺（本願寺派）、東本願寺（大谷派）など	阿弥陀如来。本尊には、絵像や木像を祀る場合と名号本尊がある。	無量寿経、観無量寿経、阿弥陀経	人々を救おうと働きかける阿弥陀如来の本願（四十八の誓願）を信じて、「南無阿弥陀仏」を唱えるだけで救われるとする、他力本願。
日蓮宗	日蓮	総本山は久遠寺。大本山は本門寺、妙顕寺園など5寺	「南無妙法蓮華経」の七文字。釈迦牟尼仏を「本門の本尊」とする。	法華経（正式には「妙法蓮華経」）	釈迦牟尼仏に帰依して「南無妙法蓮華経」を唱題すれば、必ず救われると説いた。日蓮は『法華経』のみを肯定し、他宗を一切認めない姿勢を貫いた。

謎055 「禅」は、それまでの仏教とどう違うの？

栄西・道元の教え

こうした法然、親鸞、日蓮の大衆救済路線に対し、「修行と悟りはひとつであり、修行そのものが仏の行いである」との考えに立って、悟りを得ようとする教えを説いたのが、**「禅宗」**でした。当時、中国は宋の時代で、禅宗がもっとも優れた仏教とされていました。その禅宗を学んで日本に広めたのが**栄西**と**道元**です。

栄西は、道元に先んじること約50年、宋に渡り、臨済宗を学んで帰国。筑前国（現在の福岡県）を中心に禅宗を広め、後に朝廷から公認されて、**「臨済宗」**の開祖となります。栄西は2代目将軍の源頼家や北条政子の保護の下、鎌倉に寿福寺、京都に建仁寺を創建、武家政権と強く結びついていきます。

臨済宗の特徴は、座禅と、師が弟子に課題（公案）を与えて思案させる禅問答、この二つの方法を駆使して悟りの道を開くというところにあり、**「公案禅」**と呼ばれています。

◆道元の教え「只管打座」

一方の道元は、若くして比叡山で天台教学を学びましたが、人に仏性が備わっているのであれば、なぜ仏になるための修行が必要であるのかと懐疑し、自ら宋に渡り、悟りを開いて帰国します。しばらく建仁寺に留まりましたが、座禅による修行をきわめるため、越前（現在の福井県）の山中に移り、永平寺を創建して**「曹洞宗」**を興します。

道元は、悟りを得るための手段として座禅を組むのではなく、「座禅の姿こそが仏であり、悟りである」として**「只管打座《しかんたざ》」**を説きました。曹洞宗は地方の武士や農民たちに支持されながら、広く浸透していきます。

豆知識

茶道は臨済宗から影響された…茶の作法を考案したのは村田珠光。珠光が大徳寺の禅僧・一休のもとで禅の修業をしていたとき、無心に出された茶を無心で飲むのが茶の作法、と気づいた。茶道の大家・千利休も大徳寺で茶の奥義を学んだ。

謎056

仏教にはどんな経典があり、何が書いてあるの？

経典の種類と宗派の関係

仏教の経典は、仏陀の教えをまとめたもので、仏の世界観と仏になるための実践論が記されています。最古の経典は、「**阿含経**」ですが、それ以前は釈迦の弟子たちが口伝で「お経」を説いていました。

◆経典の数は3000以上

現在までに伝わっている経典は、3000以上の数に上ります。なぜこんなに数が多いかというと、仏陀の教えそのものが難解で、さまざまな解釈がなされたこと、原始仏教が上座部仏教（小乗仏教）と大乗仏教に分裂したこと、そして、仏説にのっとればすべて経典とされたこと、などが考えられます。

◆日本に伝わったのは漢訳

日本に伝わった経典は大乗経典で、インドで編纂されたものが中国に伝わり、中国・朝鮮半島経由で伝来しました。つまり日本に伝わった経典のすべては漢訳の経典でした。

もっとも古く伝えられたのは『**般若経**』で、言葉や観念では世界をありのままに捉えることはできないとする「空」の思想を説き、後世に大きな影響を与えました。「金剛般若経」「般若心経」「理趣経」など、全600巻の『大般若経』としてまとめられています。

◆宗派と経典の関係

日本の仏教各派には、それぞれ重視する経典があります。

天台宗、日蓮宗が重視するのは『**法華経**』。すべての人は成仏ができ、釈迦は永遠の仏である、という仏教の教えの基本が説かれています。

浄土宗、浄土真宗では、「無量寿経」「阿弥陀経」「観無量寿経」の『**浄土三部経**』が、根本聖典として使われます。いずれもインド起源で、中国に入ってまとめられた経典。無量の光である阿弥陀仏が主宰する西方の国を極楽浄土であると考え、念仏を修すればだれもが浄土に往生できる、と説いています。

真言宗の根本聖典は、『**大日経**』『**金剛頂経**』。密教の行法で解脱すれば仏と一体化できる、とする即身成仏を説いています。

この他、曹洞宗の『**正法眼蔵**』、浄土真宗の『**教行信証**』のように、宗祖の主著を聖典として尊ぶ宗派もあります。

日本語で読めるいろんなお経

お経	何が書いてあるの？
般若心経	日本でもっともポピュラーなお経。すべてが、262字にまとめられ、覚えやすいため、写経にもよく用いられます。「色即是空」「空即是色」などの言葉が記され、コンパクトではあっても、大乗仏教の真髄が詰まっている経典。
阿弥陀経	極楽浄土へ往生するための教えが中心。同じ極楽浄土について説く『無量寿教』よりも簡潔にまとめられています。極楽浄土とはどんな世界であるかを知りたい人向きのお経。
理趣教	煩悩や欲望があってこそ「悟り」がある、とする大乗仏教の教えが説かれています。即身成仏とは何か、を知りたい人、あるいは、愛欲・セックスについて悩み多き人は、読んでおきたいお経。
法句教	釈迦の言葉と悟りを得るための実体験が珠玉の言葉で平易に説かれ、世界中でもっとも親しまれている仏教のバイブル的な存在。「ダンマパダ（真理の言葉）」とも呼ばれ、翻訳も多い。
華厳経	時間や空間を超えた偉大なる毘盧遮那仏について書かれた経典。釈迦が菩提樹の下で悟りを開いたときの境地を細かく描写している。仏の光明の世界に触れたい人向きのお経。

豆知識

お坊さんの読経…声を出して読むことにより、釈迦の教えを正確に学ぶことができ、経文を覚えることができる。また、経を読むこと自体に功徳があると信じられている。読み方は、中国南方の発音の呉音が一般的。密教では漢音の発音も。

謎057

如来、菩薩、○○天、○○明王・・・これってみんな、仏様なの？

仏像の種類とその役割

仏像にはどんな種類がある？

如来の種類

釈迦如来	釈迦の大いなる力で、すべての人を救うための仏。
阿弥陀如来	あらゆる人々を永遠の光で照らして、極楽浄土に往生させる仏。
大日如来	理と智を象徴する仏。宇宙の真理を神格化した真言密教の根本仏。
薬師如来	現世的な願いを叶えてくれ、地獄へ堕ちないように導いてくれる仏。

菩薩の種類

観音菩薩	阿弥陀如来の化身の菩薩で在家時の釈迦がモデル。仏へ導く役割。
文殊菩薩	釈迦が前世の子ども時代に教えを受けた仏がモデル。智慧を司る。
普賢菩薩	白い像の背に乗って文殊菩薩と対で祀られ、理性を司る。
虚空蔵菩薩	五仏を配した宝冠を付け、智慧と徳が尽きないことを象徴する。
地蔵菩薩	釈迦の入滅後、弥勒菩薩が現れるまでの間、この世で人々を救う。

菩薩

図は観音菩薩像。さまざまに変化するが、基本は聖観音。出家前の釈迦がモデルなので、その姿は世俗的。豪華な衣服に宝冠を戴き、首飾りなどで着飾り、手には人々の現世的な願いを叶えるための水瓶などを持つ。

如来

出家解脱をした姿を表す像。着衣は双肩を覆った姿もあるが、正式には片側の肩を覆った姿。髪型はほとんどが螺髪（巻き毛）で眉間には白毫(光を放つ白い毛。仏像では水晶などをはめ込む)。手には何も持たず、印相を結ぶ。

仏像には、大きく分けて、**如来・菩薩・明王・天**の4種類があります。なぜこんなに多くの種類があるのかというと、仏教の教えを広く世の中の人にわかってもらうために、いろいろなキャラクターを登場させて仏像を作ったからです。

◆「如来」とは何か？

本来の意味（仏陀の姿を表した像）での仏像は「**如来**」と呼ばれるものだけです。「如来」は「仏」と同義。その本質は永遠に不偏に存在し、人々の求めに応じてさまざまな姿で現れると考えられています。「如来」にいろんな種類があるのは、その現れ方がいろいろであるからに他なりません（上の表参照）。

◆「菩薩」は修行中の仏の姿

「**菩薩**」とは、「悟りを求めて修行している者」という意味。大乗仏教では、涅槃の境地に入る段階に達していながら、すべての人が救われるまで、あえて仏陀になることを止めた者のことを言うようになりました。

菩薩像は、出家前の王子であった頃の釈迦をモデルとしているため、さまざまな装飾を身につけ、如来像よりきらびやかな像であるのが特徴。日本では、特に「**観音菩薩**」が、現世的な願いを叶えてくれる慈悲の仏として人気になっています。

◆「○○明王」とは？

「**明王**」は、如来や菩薩では教化できない人間を救うために現れた仏。その像は、憤怒の形相をして、燃え盛る炎を背負っているのが特徴です。「**不動明王**」「**愛染明王**」などが有名です。

◆「○○天」はもとは神様

「**天**」は、もとは古代インドの神々。仏教が発展する間に、如来や菩薩を仏の敵から守る守護神として取り入れられました。「**弁財天**」「**帝釈天**」など、バラエティに富んだキャラクターと、男女の神がはっきりと分かれているのが特徴です。

豆知識

仏像の起源…釈迦の姿が仏像として誕生したのは、１世紀～３世紀頃のクシャナ朝の時代のガンダーラ仏。それまでは釈迦の遺骨を納めたストゥーパが信仰の対象。仏像ができてから、菩薩・明王・天などの仏像が登場し、世界に広がった。

謎058

仏教にはどんな戒律があるの？

在家と出家で違う「戒」の中身

「戒律」の「戒」は「シーラ」の訳で、仏教徒が守るべき心がけのこと、「律」は「ヴィナヤ」の訳で、「戒」の由来や解釈、運用法を記した聖典のことです。

大乗仏教は戒律に寛大、上座部仏教は厳格（タイの仏教には227もの戒があります）とされていますが、在家の仏教徒も守るべき基本的な行動規範とされる「**五戒**」（左図）は共通です。

上座部仏教ではこの「五戒」に、「無用に着飾ることや歌舞の鑑賞を慎む」「ベッドを使わず床で寝る」「昼を過ぎたら食事をしない」の三戒を加えて「**八斎戒**」としています。

◆破っても罰はないの？

この五戒を破ればどうなるのでしょう？

実は罰というものはありません。ユダヤ教やイスラム教の戒律と仏教の戒律はまったく違うものなのです。仏教の「**戒**」は習慣を意味していて、「〜をしない習慣を身につけよう」という、努力目標のようなものなのです。たとえば嘘をついたとします。その人は「教えに背いて申し訳ない」とじくじたる思いで、仏の前で懺悔します。そのときの懺悔の気持ちをいつまでも持ち続けることが、在家信者の「戒」なのです。

仏教徒が守るべき「五戒」とは

不殺生戒《ふせっしょうかい》
いかなる生き物も殺してはいけない。傷つけてもいけない。

不偸盗戒《ふちゅうとうかい》
他人の所有物を盗んではいけない。

不邪淫戒《ふじゃいんかい》
淫らなセックスをしてはいけない。

不妄語戒《ふもうごかい》
どんな嘘もついてはならない。

不飲酒戒《ふいんしゅかい》
酒を飲んではいけない。

◆出家者にはより厳しい「戒」

出家者（僧門に入った者）の戒はやや厳しくなります。身につけるべき習慣と考えられている点は、在家者と同じですが、出家者は在家者の模範となる立場にありますので、戒も細部にわたって設けられていて、その一例が食事の規定です。僧は肉食を禁じられ、精進料理を食べるのが慣行とされます。しかし、法として定められているわけではなく、「生き物を殺してはなりませんよ」と、常に他人に教えなければならないので、より厳しく戒めているのです。

◆初期仏教の「戒」を忠実に

仏教発生時のインドでは、出家者は各地を行脚しながら教えを説き、在家信者からの布施に頼って生活の糧としていました。当時の戒はかなり厳しく、穀物（種は命の源）を食べることも禁じられていましたが、布施に対しては拒否しませんでした。拒否すれば施した人の功徳がなくなると考えたからです。

教団が成立し、寺院での集団生活が始まると、戒に対する懲罰的要素が強くなります。

戒を犯した僧は大勢の仲間を前にして懺悔させられます。殺人・盗み・自慰などの淫らな性的行為・悟りを開いていないのに悟ったという嘘――これらの4つの罪は、いちばん重い罪である「**波羅夷罪**《ばーらいざい》」とされ、教団から追放されました。出家主義の上座部仏教圏の諸国では、いまでもこうした戒を忠実に守ることが求められています。

豆知識

本当の持戒とは…「持戒」とは戒律を持って生活すること。しかし「五戒」を守ることは難しい。蚊に刺されたらつい殺生も犯す。釈迦が言いたかったことは、戒律は守ることが目的ではなく、習慣化することでよりよい智恵を持とう、ということにあった。

謎059 「菩提寺」って何？ 檀家とお寺の関係は？

●仏教を堕落させた檀家制度とそのしくみ

「**菩提寺**」は、一家が代々帰依し、葬式や追善供養を営むお寺のことで、「檀那寺」とも呼ばれます。昔、貴族は一族の冥福を祈るために、墳墓を築き、氏寺を建てました。中世に入ると武家もこれにならい、江戸時代に一般庶民にも波及、氏寺は菩提寺と呼ばれるようになったのです。江戸幕府の「**檀家制度**」確立後のことです。

◆目的はキリシタン取り締まり

幕府はキリスト教禁止を徹底化するため、庶民の一人一人に関して、キリシタンではないという証書（請書）を全仏教寺院の住職に書かせて提出させました。これを「**寺請制度**」と言いますが、これによって、庶民は、所属宗派・特定の寺院（檀那寺）・住所・生年月日を記した「**宗旨（宗門）人別帳**」を毎年、提出することが義務づけられました。幕府は、これをチェックするための役人「**宗門改め役**」を諸藩に設置。こうして、全国にある仏教寺院は、完全に幕府の統制下に置かれることになりました。

檀家制度のしくみ

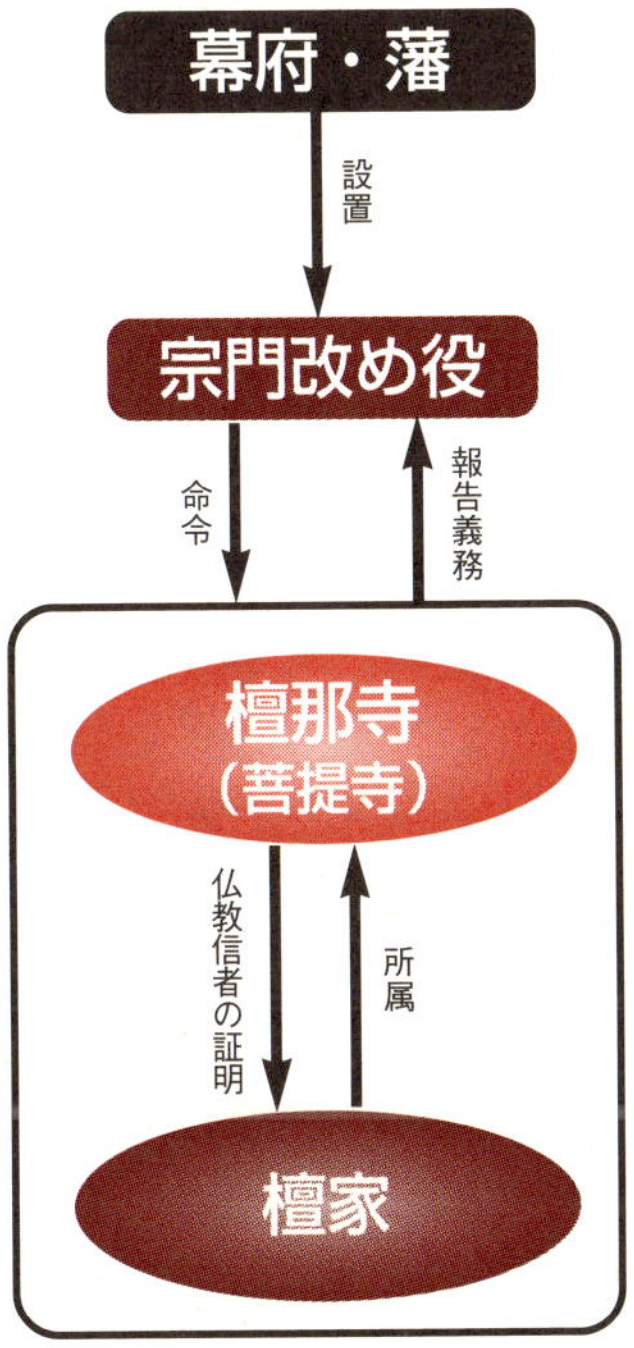

◆仏教の堕落を招いた制度

庶民は、特定の檀那寺に所属する「**檀家**」となり、その寺院から仏教徒であると証明してもらう代わりに、仏事や法事を檀那寺の僧に依頼するようになり、寺院の修復などの費用も負担しました。

寺院の側は、信者を獲得するための布教をする必要がなくなり、葬式などの法事に専念するようになりますが、これが仏教そのものの堕落を招く一因ともなりました。日本の仏教が「**葬式仏教**」などと呼ばれるようになったのも、この檀家制度が契機でした。

檀家制度が始まった頃は、夫婦別々の寺に所属することもありましたが、次第に一家がひとつの寺に固定されることになり、寺や宗旨を変えることができなくなりました。また、幕府は新しい宗派の設立を認めなかったため、宗派の教義争いもなくなり、幕末の「黒舟来襲」までの期間、江戸時代の安定が保たれることになります。

◆供養の習慣が一般化

家に仏壇を設け、位牌を安置し、遺骨を寺のお墓に納めて先祖を供養する習慣が、民衆の間で一般化したのは、この檀家制度以降のこと。なお、現在のように、お墓が、寺院墓地・公営墓地・民営墓地の3種類になったのは、明治時代になってからのことです。

現代は、核家族化が進んだこともあって、この菩提寺と家との関係が希薄になりつつあります。中には、自分の家の宗派や菩提寺が分からない、という人さえいるようです。檀家制度によって縛られていた個人と宗門との関係が、制度の崩壊とともに、いま危機に瀕している、と言っていいのかもしれません。

豆知識

位牌は実は儒教の習慣…家に仏壇を置いて先祖を供養するというのも、そこに位牌を置くというのも、もともとの仏教の習慣ではなく、儒教の習慣が取り入れられたもの。位牌の「位」は、死者の官位を表すものだった。

謎060

四国遍路や観音巡礼って、何のためにするの？

●霊場巡りの由来と歴史

霊場巡りの服装は？〜四国八十八箇所の場合

白衣

背中の中央に「南無大師遍照金剛」と書く。笈摺（おいずり）と呼ばれる、白い袖なしの羽織を重ねることもある。白衣の上に輪袈裟をかけ、手には白い手甲、脚には白い脚絆をつけ、白の地下足袋を履く。手に鈴と数珠を持つ。

菅笠

笠の表の正面に、「同行二人」（弘法大師と２人連れを意味する）と書き、その周りに、「迷故三界城」「悟故十方空」「本来無東西」「何処有南北」の四句を書く。

納め札入れ

札所（巡礼先の寺院のこと）に納める納め札の入れ物を首に下げる。四国遍路では巡礼の回数により札の色が異なる。札は、道中の名刺代わりとされ、同宿・同行の巡礼者や世話になった者へ渡すのが礼儀とされている。

金剛杖

杖は、弘法大師その人とされ、道中の無事を守ってくれる、と考えられている。橋の上では杖をつかない、宿に着いたら杖の先を洗う、床の間に立てておく、などを実行する。

その他

経本・納経帳なども用意しておきたいが、全部をそろえなければならないものではなく、略式でも許されている。なお、服装と道具一式は、一番札所である、霊山寺で購入できる。

四国では、白衣を着て菅笠をかぶり、金剛杖をつきながら、「霊場巡り」をする人たちの姿を、毎日のように見かけます。四国の人たちは、彼ら巡礼者を**「お遍路さん」**と親しみを込めて呼んでいます。

◆四国遍路は88箇所

日本では、神社・仏閣のある神聖な場所を、**「霊場」**と呼んでいますが、その霊場を参拝して回るのが**「霊場巡り」**です。

その代表的なものが、**「四国遍路」**。霊場は四国全域に全部で88箇所あり、すべてを巡礼すると約1500kmの行程になります。これらの霊場を開いたのは、弘法大師として名高い空海。その足跡をたどると功徳が得られると信じられ、ほかの巡礼と区別して「遍路」と呼ばれるようになりました。

四国遍路は、室町時代の頃から始まり、江戸時代に盛んになります。ちなみに88という数字は、人が抱えている煩悩の数という説と、厄年の42・33・13を足した数という説の二説があります。

◆修行として始まった観音巡礼

もうひとつの霊場巡りは、観音菩薩を本尊とする寺社・お堂を参拝して回る**「観音巡礼」**です。こちらの巡礼は各地にあって、百観音霊場と呼ばれています。中でも有名なのが、**西国三十三か所、坂東三十三か所、秩父三十三か所**などです。

観音巡礼では観音菩薩を拝観することが重視されます。その歴史は、12世紀にまず「西国三十三か所」ができたのが最初。33という数は、苦難にあったとき観音菩薩を念ずれば、33の姿に身を変えて即座に救ってくれる、とする「法華経」の教えに由来しています。

この観音巡礼は、当初、修験者の修行のひとつとされていましたが、江戸時代に入って一般に広まりました。観音霊場は、

豆知識

古寺・名刹が多い観音霊場…西国三十三か所には、国宝「千手千眼観音」を本尊とする葛井寺、重要文化財の建物や桜で知られる上醍醐寺、京都の清水寺など。坂東三十三か所には、鎌倉の長谷寺、東京の浅草寺、日光の中善寺などがある。

四国八十八箇所の順路

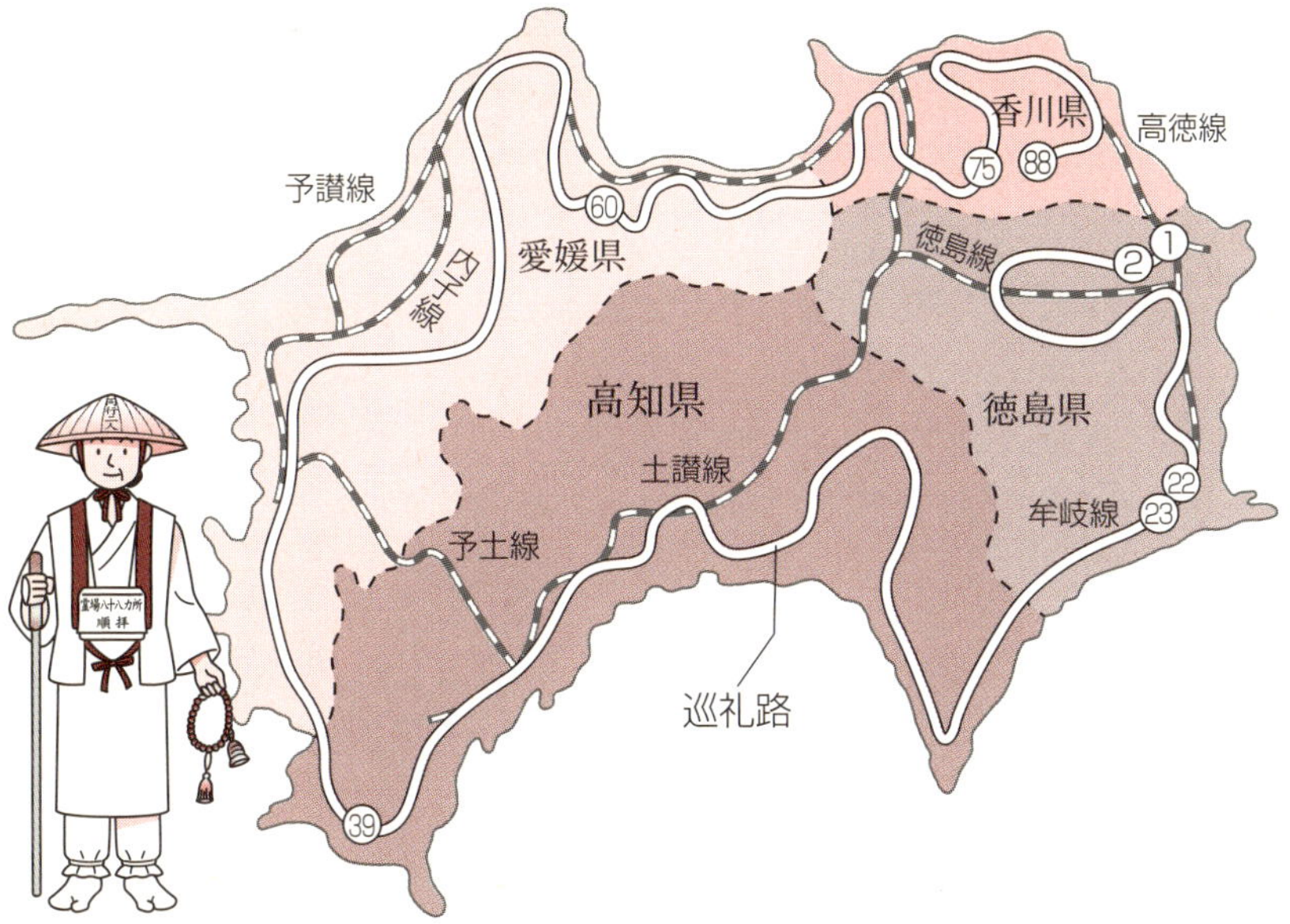

主な札所

- **一番札所**（霊山寺）…遍路の最初の札所で、通称「一番さん」と呼ばれる。遍路に必要な服装・道具一式を購入できる。
- **二番札所**（極楽寺）…境内に弘法大師が植えたと伝えられる杉の木があり、触れると長寿を授かる、といわれている。
- **二十二番札所**（平等寺）…弘法大師が掘ったとされ、万病に効く「弘法の水」が湧き出ている。
- **二十三番札所**（薬王寺）…厄除けの寺として有名。
- **三十九番札所**（延光寺）…弘法大師が掘った、眼病に効く「目洗いの井戸」がある。
- **六十番札所**（横峰寺）…石槌山にあり、最大の難所とされる。
- **七十五番札所**（善通寺）…弘法大師の生家の氏寺。弘法大師が仏像を描いたという、国宝の「一字一仏法華経序品」などの大師ゆかりの遺品が残存している。
- **八十八番札所**（大窪寺）…遍路の最後の札所。遍路を終了した巡礼者は、ここに杖・菅笠を納め、四国遍路の旅を終える。

巡礼の方法

一度にすべての札所を回ることを「**通し打ち**」。区間を区切って回ることを「**区切り打ち**」。番号順に回ることを「**順打ち**」。逆の順に回ることを「**逆打ち**」と言います。必ずしも、一度にすべての札所を回る必要はなく、ひとつの県だけを回ることもよしとされ、これは「**一国巡り**」と呼ばれます。

津軽・最上・会津・信濃・出雲などの全国各地にあります。

これらの霊場巡りは、近年、中高齢者の観光地巡りのレジャーとして注目を集めていますが、元々は、救済の道を探求したり、亡き人の供養を目的とする旅とされていました。

謎061 「山伏」って何？ もともとはお坊さんなの？

修験道の由来

日本人は古来から、山には霊魂が住んでいると考え、霊山や霊峰として神聖視してきました。そんな山岳信仰に、密教や道教などの要素がミックスされたものが「**修験道**《しゅげんどう》」で、その行者は「**修験者**」と呼ばれました。

◆開祖は、役小角

こうした修験者たちが現れるようになるのは、7世紀末の飛鳥時代のこと。開祖は、役小角《えんのおづぬ》と言われています。当時の仏教（南都六宗）は「学問仏教」と呼ばれ、国家の統制のもと、主に経典の学習や研究に没頭する生活をしていましたが、そんな生活に飽き足りず、山林などに入って修行を積み、霊力を身につけようとする者が現れてきます。役小角もそんな山林修行者のひとりでした。

彼らは、山林に起き伏して修行することから、「**山伏**」とも呼ばれました。山伏の多くは妻帯者で、そのため正式な僧として認められず、時の権力者からはいかがわしい者とみなされましたが、加持祈祷や病気治療などを盛んに行なったことから、次第に民衆から支持されるようになります。室町時代には、天台宗を後ろ盾にした「本山派」と真言宗から支持された「当山派」の二大集団が形成されました。

江戸時代には、飢餓に苦しむ民衆の救済を願って、自ら進んで土中の穴に籠り、断食して絶命した本明海上人が現れます。ミイラとなった遺体を民衆が「即身仏」として崇拝し、一躍ヒーローとされたこともあって、山伏の存在が浮世絵の題材にもなりました。

豆知識

山伏の修行の目的は即身成仏？…山伏の修行は、地獄・餓鬼・畜生・修羅・人・天の「六界」と声聞・縁覚・菩薩・仏の「四界」の十種の修業をするもので、宇宙の仏である大日如来、その化身である不動明王と一体化し、即身成仏することを目指した。

謎062

葬儀の挙げ方などは宗派によって違うの？

戒律をめぐる考え方の違いと葬儀の位置づけ

仏教にとっての葬儀とは、遺族が故人の成仏または往生を願って、正しく死出の旅路を進めるよう、送りだしてあげる大切な儀式です。この成仏や往生についての考え方は宗派によって違うため、葬儀の挙げ方も微妙に違っています。

◆授戒するかしないかの違い

仏教では、死者は仏弟子となって浄土への旅路をたどると考えられています。そのためには、仏者として守るべき戒めを授かり、仏弟子となる必要があります。「**戒名**《かいみょう》」は、その証明として与えられるものです。

本来なら生前に「**授戒会**《じゅかいえ》」という儀式を受け、戒名を受けるのですが、現代ではなかなかそういう機会がありません。そこで通常は、「**枕経**《まくらぎょう》」（死者の枕元で読経すること）の際に授戒の儀式を行い、戒名をつけた上で、浄土に導く「**引導**」を与えて送りだす、という方法をとります。

これは、ほとんどの宗派に共通しているのですが、**浄土真宗**では、弥陀の本願にすがった時点ですでに「往生」が決まっていると考えるので、授戒をせず、したがって戒名もつけません。代わりに「**法名**《ほうみょう》」を使います。

また、**日蓮宗**では、宗祖・日蓮が「無戒の僧」を名乗り、いたずらな戒律を否定したこともあって、やはり授戒を行わず、「戒名」の代わりに「**法号**」をつけます。

戒名のつけ方は？

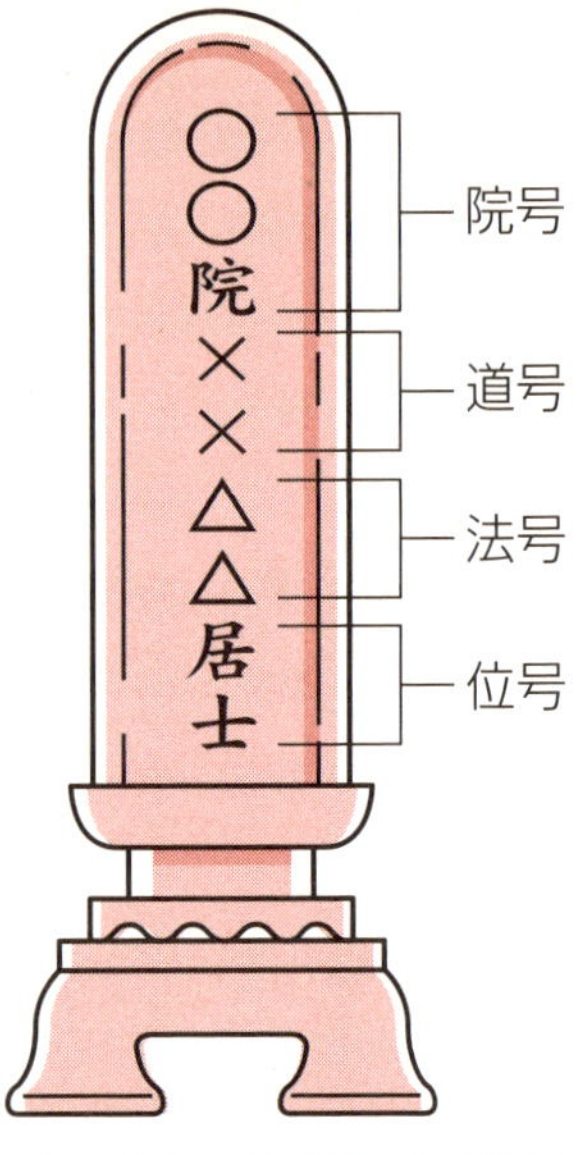

上はごく一般的な戒名の例(男性の場合)。浄土真宗では「道号」「位号」を使わず、「釈○○」などとして「法名」と呼びます。日蓮宗では「法号」。

謎063

焼香の回数や線香の本数も宗派で違うの？

迷う葬儀の作法①

葬儀や告別式では、会葬者が焼香を行って、死者を供養します。焼香には、抹香を炊く場合と、線香をあげる場合がありますが、通常、僧が読経している間に行う焼香では、抹香を使うことが多いようです。

そこで迷うのが、焼香の回数や線香の本数。宗派による違いをまとめておきましょう。

●**天台宗・真言宗**…焼香は3回、線香は3本立てます。

●**浄土宗**…特別の決まりはなく、1回は「一心不乱」、2回は「戒香と定香」、3回は「解脱香」と意味づけられています。

●**浄土真宗**…焼香は、**本願寺派**では1回、**大谷派**では2回。線香は、どちらの派も、立てずに折ったものを横にして燃香します。

●**曹洞宗**…特に決まりはありませんが、原則は焼香2回、線香は1本立てます。

●**日蓮宗**…特に決まりはありませんが、通常、焼香は1回、線香は1本を立てます。

ただし、以上はあくまで目安。作法に厳密にこだわる必要はなく、各派とも、故人が成仏できるよう、心から供養すればよい、としています。

謎064 焼香の正しい作法ってどういうの？

迷う葬儀の作法②

焼香にはいろんなケースがありますが、ここではごく一般的なケースとして、広い斎場などで立って行う場合の作法をご紹介します（左図参照）。宗派による違いはほとんどありませんが、香を額におしいただくことだけは、浄土真宗ではやりませんので、気をつけましょう。

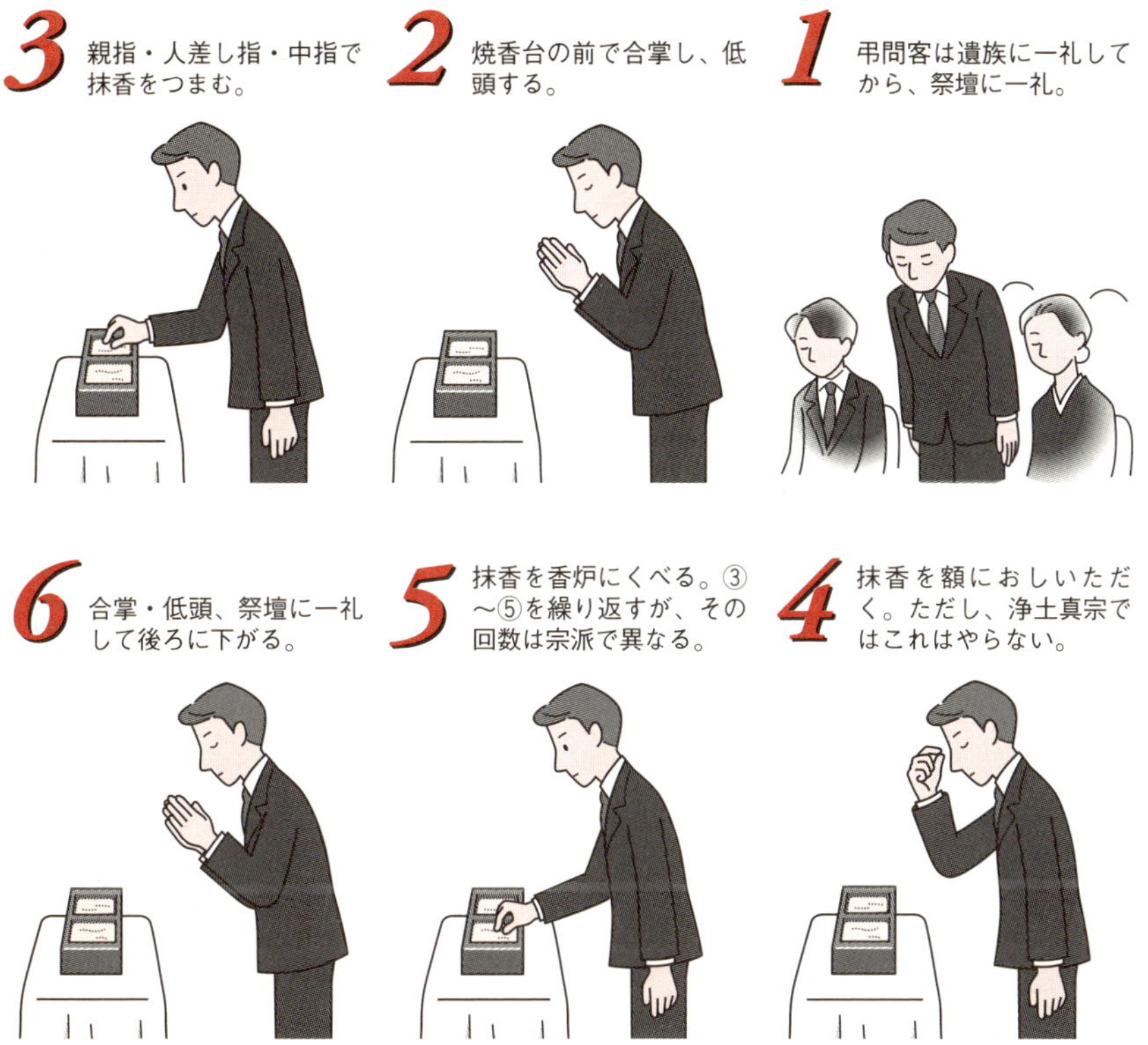

1 弔問客は遺族に一礼してから、祭壇に一礼。
2 焼香台の前で合掌し、低頭する。
3 親指・人差し指・中指で抹香をつまむ。
4 抹香を額におしいただく。ただし、浄土真宗ではこれはやらない。
5 抹香を香炉にくべる。③～⑤を繰り返すが、その回数は宗派で異なる。
6 合掌・低頭、祭壇に一礼して後ろに下がる。

謎065 数珠にも宗派によって違いがあるの？

迷う葬儀の作法③

数珠は、煩悩を取り去り、心身を清浄にして、仏へ帰依することを表すために使われますが、その意味づけは、宗派によって微妙に違います。

珠の数は基本的には108個。これは人間には108個の煩悩があると考えられているからです。略式のものには、54個、27個、18個などさまざま。宗派によって、長い二連用を使う場合もあれば、短い一連用を使う場合もあります。

葬儀・告別式に参列するときは、各宗派共通の数珠を持っていくのが無難でしょう。

謎066 葬儀後の法要には、どんなものがあるの？

法要の基礎知識

仏教では、葬儀のあとも、ある節目ごとに個人を偲んで追善供養のための「法要」を行います。現在では簡略化される傾向にありますが、主なところをあげておきましょう。

●中陰供養…インドでは、人は死ぬと輪廻転生すると考えられていました。日本では、死後7日間ごとに裁きを受け、これを7回繰り返した49日後に、次の生が決定されるとしています。この期間を「**中陰**」と呼びます。

正式には、この7日ごとに「初七日」「二七日」…というふうに法要を営むのですが、現代では、「**初七日**」と満中陰の「**四十九日**」に供養を行い、これをもって「**忌明け**」とするのが、一般的になっています。

●百カ日法要…中国由来の習俗で、死後これくらいの日にちがたつと、泣くこともなくなる…という意味で「卒哭忌《そっこくき》」と呼ばれていたものです。

●年回法要…死後1年たった命日に「一周忌」、2年後に「三回忌」、以下、七回忌、十三回忌、十七回忌、二十五回忌、三十三回忌と続き、いずれも命日に法要を営みます。

豆知識

自然葬とは？…現在、日本で行われているのは、主に海に遺灰を流すというもの。流す海域が定められているので、多くは沖合まで船で出て流す。ただし、自然葬をすると、お彼岸やお盆のときにお参りするお墓はないことを、知っておきたい。

謎067

ヒンドゥー教ではどんな神様を信じているの？

ヒンドゥー教の神々とその教義

ヒンドゥー教は、バラモン教（謎０４８参照）から発展した宗教で、「ヒンドゥー教」と呼ばれるようになったのは、６～７世紀頃と言われています。

◆ヴィシュヌ神とシヴァ神

ヒンドゥー教には、実に多彩な神様たちが登場します。というのも、もともとあったバラモン教の神々に、各地方・諸部族の神々を加えたり、新たに神を創ったりしたからです。

それらの神々に優劣の差はなく、各宗派の守護神として信仰の対象にされている点は、日本の神道の神々に似ていると言えます。ただ、神の性格や力によって、人気の度合いが違います。特に人気が集中している神は、「**ヴィシュヌ**」と「**シヴァ**」。ヴィシュヌ派とシヴァ派の巨大な派閥が形成され、インドの人々はいずれかの派に所属しています。

◆創造・維持・破壊の三神一体

「**ヴィシュヌ派**」は、宇宙を維持する神であるヴィシュヌを崇拝し、神の恩寵によって解脱できると説き、神への絶対帰依を重視。「**シヴァ派**」は、破壊と生殖の二面性を有するシヴァを崇拝し、ヨガの修行や苦行などで真理に至る、としています。

やがて、この二神に、宇宙の原理そのものとされる「**ブラフマー**」（バラモンの「ブラフマン」から変化）を加えて、「**三神一体**（トリムリティ）」とする教理が登場します。

◆解脱こそが人生の目的

ヒンドゥーの教義を支えているのは、業《ごう》・輪廻《りんね》・解脱《げだつ》という考え方です。

「**業**《ごう》」は行いのことで、「カルマン」と呼ばれ、本人の業によって次の生まれ変わりが決定される、としています。その生と死の永遠の繰り返しが「**輪廻**」。人は、どんなによい行いを積んでも、それだけでは輪廻の呪縛からは逃れられず、完全なる自由を得るには「**解脱**」するしかない――これが、ヒンドゥーの基本的な考え方です。解脱すれば、この輪廻から脱け出せる。それこそが人生の至高の目的だ、という思想です。

◆神への信頼と帰依を重視

その解脱に至る道として、ヒンドゥーでは、**信愛の道**・**知識の道**（聖典の学習）・**行為の道**（祭祀の実行）が説かれます。このうち、特に重視されているのが、神への信頼と帰依を説く「**信愛の道**（バクティ）」です。

さまざまな「御神体」を崇めるのも、ヒンドゥー教の特徴でしょう。例えば、石で造られた男根の象徴・**リンガ**、そのリンガを受ける女陰の形をした**ヨーニ**などが、崇拝の対象となっています。どちらもシヴァ信仰から出たもの。インドの人々は、シヴァをもっぱら生殖の神とみなし、拝むことで子宝が授かると信じているのです。

ヒンドゥーの三大神

ヴィシュヌ神

宇宙を維持する女神。世界が危機に瀕したときに現れて救済する慈悲深い性格で、美と富を象徴する女神でもある。

シヴァ神

破壊と生殖の神。三叉の槍を持ち、首に蛇を巻きつけている。額の目で見つめられるとすべてが破壊されるとされている。

ブラフマー

宇宙の創造神。頭が４つ、腕も４本あり、４方向を見ている。。妻のサラスヴァティは芸術・音楽・学問などの守護神。

謎068

ヨーガや断食も、ヒンドゥー教の教えに関係があるの？

●ヒンドゥーから発展した心と身体の秘儀

バラモン教が成立する前、インドの先住民は、身体的修練を積む修行や断食などの苦行、あるいは瞑想にふけることで、精神を解放させ、真理に至る、という思想を、すでに持っていたとされています。バラモン教はその土着宗教を受け継ぎ、そのバラモン教をさらに進化させたのがヒンドゥー教です。

◆心と身体を結びつける技法

「ヨーガ」とは、もともと「馬を馬車につないで人生の目的に向かって行く」という意味ですが、それが転じて、「心と身体、人間と神を結びつける」「コントロールする」などの意味に使われるようになりました。そのための習得法や技法として発展したのが「ヨーガ」です。

バラモン時代からの宗教哲学書である『ウパニシャッド』にも、ヨーガについての記述があり、徐々にその方法や技術について言及し、3～5世紀にかけて、ヨーガの実践書である『ヨーガ・スートラ』がまとめられました。

『ウパニシャッド』（奥義書）では、生活の方法（ヤマ・ニヤマ）・運動法（アーサナ）・呼吸法（プラーナヤーマ）・瞑想法（プラティアハーラ・サマーディ）・祈りの言葉と神の名（マントラ・ジャパ）などを伝えていますが、ヨーガについても、ハタ（身体的修練）・マントラ（真言）・ラヤ（無心）・ラージャ（王様・最高）の4つに分類して、それぞれを習得する方法を伝えています。

このうち、もっともポピュラーになったのが「ハタ・ヨーガ」で、現在に伝わるヨーガの基礎を築いたとされています。

ヨーガの代表的流派とその特徴

ハタヨーガ	ハは陽、タは陰の意味。身体を小宇宙とみなし、生命力を高めるための肉体的修練を重んじる。16～17世紀にかけて、ヨーガのポーズ（体位）や呼吸法がすでに定められている。
ラージャヨーガ	「ラージャ」とは王様・最高の意味。すべてのヨーガの基本とされている流派。静かに座して呼吸を整えながら深い瞑想に入り、悟りの境地に達することを重視している。
マントラヨーガ	「マントラ」とは真言の意味。日本の念仏に相当する。神の名や祈りを繰り返し唱えることで、神と一体になると考える流派。
バクティヨーガ	「バクティ」とは信仰・帰依の意味。神に対し絶対的な信頼感を寄せ、生活のすべてを信仰生活に捧げることを主眼とする流派。

ヨーガのポーズ

以下は、ハタ・ヨーガでよく使われるポーズです。

アルダ・マツエンドラ・アーサナ

《ひねりのポーズ》便通を快適にして、腰痛を改善、神経痛・リューマチなどに効果あり。

シャクラ・アーサナ

《ブリッジのポーズ》肺・心臓機能を強化し、消化器を改善し排泄機能を強化する。

ダヌラ・アーサナ

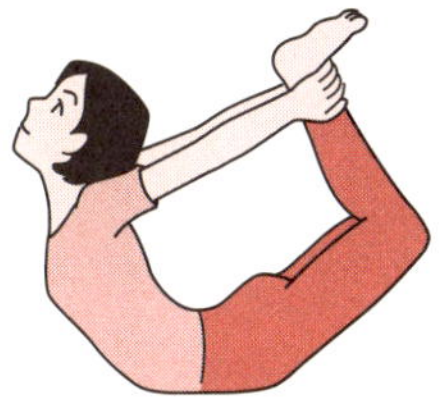

《アーチのポーズ》肥満に効果があり、不妊症、リューマチに効く。

サルバンガ・アーサナ

《逆さかだちのポーズ》全体の機能を改善し、若返る効果があり、健康と美容をもたらす。

謎069

チベットの仏教は、私たちの仏教とどう違うの？

その独特の教義と「ダライ・ラマ」

チベットの宗教は仏教ですが、私たちが知っている仏教とはちょっと違うような気がします。たとえば、「ダライ・ラマ」という偉いお坊さんが「生き仏」であるとされること。祈祷の際にも、チベットでは、信者が大地に平伏して「五体投地」（イラスト参照）という方法でお祈りします。この違いは、どこから来たのでしょう？

◆土着の「ボン教」と融合

インドからチベットに大乗仏教が伝わったのは、7世紀頃でした。当初は呪術的要素の強い土着宗教の「ボン教」と勢力を競い合いましたが、やがて両者は融合し、「チベット仏教」が成立します。

チベット仏教は、「師（グル）」を尊敬し、特に「宗主（ラマ）」を崇拝したことから、「ラマ教」とも呼ばれます。11世紀になると、これに密教の要素が加わり、今日の独特なチベット仏教が形成されることになります。最大の特徴は、「転生活仏」の思想。菩薩や高僧の生まれ変わりが仏として生きている、という原始仏教の考え方を、現在に受け継いでいることです。

◆選ばれた子どもが「活仏」に

ダライ・ラマは、16世紀、当時の強国モンゴルの国王からその称号を受けたのが最初。以来、この称号は歴代継承され、聖俗の両権力を掌握する絶対的権力者としてチベット国民に君臨しています。しかし、その地位は世襲ではありません。

実は、チベット仏教にもいくつかの宗派があって、それぞれが宗主を「ラマ＝活仏」としています。「活仏」とは、高貴なる観世音菩薩の生まれ変わりで、「現に生きている仏」の意。各派の僧たちが、先代のラマが残した預言や国民のウワサ、親の推薦などを根拠に、国中の子どもたちの中から見つけ出します。つまり、活仏は宗派の数だけいるわけです。その大勢の「活仏」の中からひとりだけが選ばれて、「ダライ・ラマ」となるのです。選出にあたっては、その時の宗派の力関係も大きくものを言います。

ちなみに現在のダライ・ラマ14世は、チベットを離れ、インドに亡命して、北部の都市に居住しています。この亡命には、独立を求めるチベットとそれを認めない中国との間の、深刻な政治対立が絡んでいます。

チベット仏教独特の「五体投地」

①直立し、胸の前で蓮華合掌。②蓮華合掌を頭頂に持っていって、③次に眉間に降ろす。④蓮華合掌を眉間からノドに降ろし、そのまま胸の前に戻す。

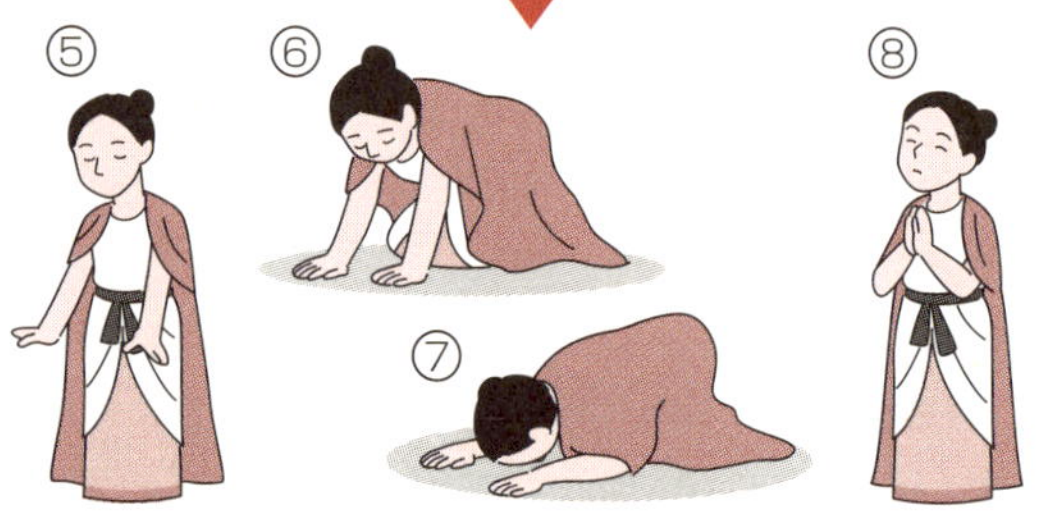

続いて、⑤両腕をやや開いて平伏の動作に入る。⑥両手と両膝を地面につけ、⑦額を地面につける。⑧あまり間をおかずに立ち上がり、直立の姿勢で胸の前で蓮華合掌する最初の姿勢に戻る――この一連の動作を１回として、３回、11回、30回と適当な回数繰り返し、最後に①〜④の動作をもう一度行う。

豆知識

チベットと中国の紛争問題…中国は、元の時代からチベットは中国の一部と主張し、第二次大戦後の1965年、「チベット自治区」として中国の一部にしてしまう。これに対して、ダライ・ラマ14世とチベット国民は、独立を主張している。

第4章

日本・中国・韓国の宗教の謎

ところで、私たち日本人は、
いったい何教の民族なんでしょう？
これを考えるときにいつも問題になるのが、
「神」と「仏」の関係です。
統計的に言うと、日本人は、
仏教徒でもあり、神道の信者でもある、という
世界でも珍しいW宗教の民族らしいのです。
どうしてそんなことになったのか——
日本人の宗教をその歴史から掘り起こして
謎に迫ってみたいと思います。

▶ 世界の宗教の謎 070〜091

謎070

日本って、そもそも何教の国と言ったらいいの？

●日本の宗教人口の不思議

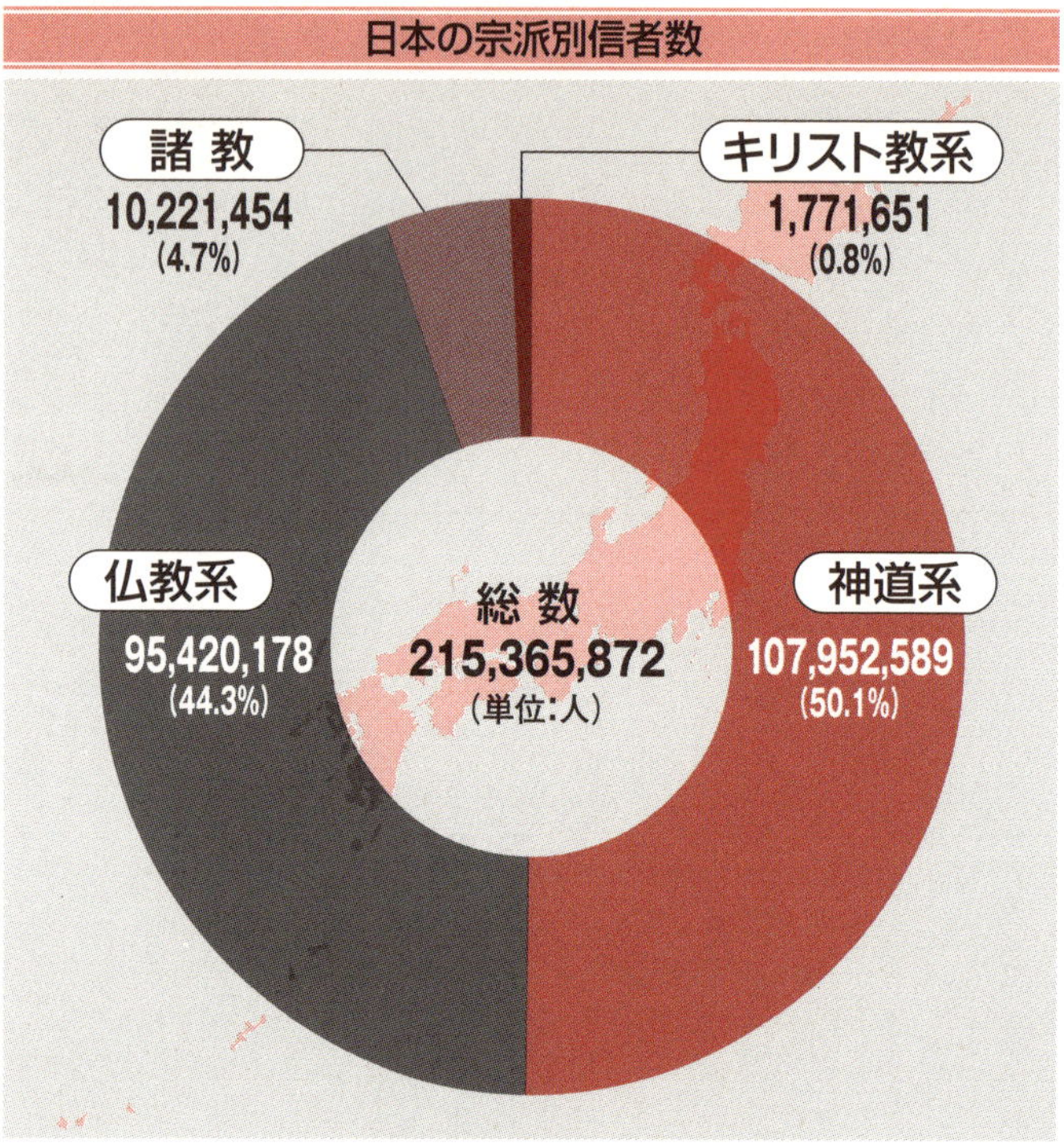

上のグラフは、文化庁が、各宗教団体から提出された信者数をもとにまとめた『宗教年鑑・平成13年版』に掲載された宗教別信者数の実数と割合。

日本は、政治的には政教分離の世俗国家です。したがって、たとえばイスラム教を「国教」と定めているサウジアラビアやイランのように、「〇〇教国」という言い方はできません。

では、文化的にはどうでしょうう？　政教分離ではあっても、アメリカはキリスト教の国というふうにとらえることができますが、では日本は？　仏教徒が多いから仏教の国？　いや、信者数で言えば神道の国？　これもピンときません。

◆複数の宗教を持つ日本人

図に示したのは、文化庁が公表している『宗教年間』に記載された各宗教の信徒数ですが、これを総人口に対する割合にしてみると、国民の約85％が神道の信者で、約75％が仏教の信者ということになります。その他の宗教も含めたのべ信徒数は、人口の2倍近い2億1536万人。つまり、日本人のほとんどが複数の宗教を信仰している、ということになってしまうのです。

世界中探しても、こんな国はまずありません。私たちの生活や人生を振り返ってみても、クリスマスを祝った1週間後にはお寺で除夜の鐘を聞き、その数時間後には神社に初もうで。結婚式はキリスト教式で、葬式は仏教、子どもが生まれると神社へお宮参り……ということを、さして気にもせずにやってしまいます。おそらく一神教の国の人たちが見たら、「日本人はなんていい加減な民族なんだ」と思ってしまうに違いありません。

◆日本人は無宗教？

これを、「現代の日本人は基本的に無宗教だから」と評するむきもあります。しかし、ほんとうにそうでしょうか？　現代になって、日本人がほんとうの宗教心をなくしてしまったから、宗教に対する態度がいい加減になってしまったのでしょうか？　どうも、そうではないような気がします。

実は、日本人の宗教に対する姿勢は、太古の昔からそう変わっていないように思えるのです。

謎071 仏教渡来以前の日本人は何を信じていたの？

八百万の神々はどうして生まれたか？

日本人の宗教観を語るときに、どうしても避けて通れないのが、**仏教の渡来**という出来事です。

◆「仏」も新しい神のひとり？

仏教は、正式には、538年に百済の聖明王によって日本に伝えられたと言われています。このとき、仏教を受け入れるか否かをめぐって、当時、権勢を競い合っていた豪族、物部氏と蘇我氏が争い、結局、崇仏派の蘇我氏が勝利をおさめます。ここまでは、歴史の教科書にも書かれていることです。

このとき、反対派の物部氏らが主張したのは、そんな外来の新しい神を招き入れてしまったら、日本古来の神々が怒るではないか、ということでした。仏教と神道（まだ「神道」という言葉はありませんでした）という、宗教のあり方をめぐる対立ではありません。「仏」という新しい神を、ひとり受け入れるかどうかをめぐる対立だったのです。

◆八百万の神々とは？

古代の日本人にとっては、「仏」もまた、彼らが崇めていた多くの神々と同じく、ひとりの「神」にすぎなかった、そういう意識でしかとらえられていなかった、ということです。

では、その頃の日本人が崇めていた「神々」とはどんな神たちだったのでしょう？

「**八百万の神々**」という言葉をよく耳にすると思いますが、まさに言葉通り。その時代に信仰の対象となったのは、山川草木から太陽・月などの天体、気候、動物までの自然物、それに祖先たちの霊でした。

あらゆる自然物に「神」が宿るとする自然崇拝を、第1章（謎002）で「**アニミズム**」とご紹介しましたが、古代の日本人の信仰は、このアニミズムに祖霊崇拝がミックスされたようなものだったと思われます。

特徴的なのは、雷や洪水といった、人に災厄をもたらすものまでも「神」として崇めた、ということです。私たちの祖先は、こうした悪い神様たちと闘うのではなく、なだめて怒りを鎮める、という方法をとりました。

◆和をもって貴しとなす

古代の日本人にとって、「神」とは怒らせると怖い存在であり、それを「**祟り**」と表現しました。「祟り」を恐れるので、どんな邪神でも、丁重に祭ってなだめる。これは、日本人のメンタリティの特徴でもありました。

聖徳太子の「**十七条の憲法**」の第1条に「**和をもって貴しとなす**」という項目があります。「和をもって」は、聖徳太子が熱心に勧めた仏教の教えでも、当時、すでに日本にもたらされていた儒教の思想でもありません。つまり、これは日本人のオリジナルなメンタリティ。そういうメンタリティを持った日本人だからこそ、外来の神様も簡単に受け入れてしまいます。こういう精神構造は、自分たちの神以外の神を激しく攻撃する一神教の世界の人たちには、決して理解できないことに違いありません。

豆知識

卑弥呼はシャーマン…原始的なアニミズムからやがてシャーマンが生まれる。霊的な世界と交流する能力を持った存在で、日本では巫女がその役目を果たした。卑弥呼もそんな巫女として神の言葉を託宣し、国を治めていたのではないかと言われている。

謎072 神社や鳥居はどうやってできていったの？

●神社の起源

古代の日本の神々はスピリット＝精霊ですから、いつも姿を見せているわけではありません。不意に姿を現す神たちです。たとえば「雷神」は、雷が落ちたときに、その落ちた場所に姿を現した、というふうに古代の人たちは考えました。ちなみに「雷」は語源的には「**神鳴り**」であり、神の怒りの現れと考えられていました。

◆「拠代」は聖なる場所

こうして神々が姿を現し、人間と交流する場所を「**拠代**（よりしろ）」と言います。それは、山の中の大きな岩だったり、巨大な杉の大木だったり、雷の落ちた場所だったりするのですが、そういう場所は「**聖なる場所**」ですから、そこに人々は榊を植えたり、注連縄《しめなわ》を張ったり、鳥居を築いたりして、俗界と区別しました。やがて、そういう場所に常設の仮屋などを置くようになり、それが神社の起源になったと考えられています。

神社の起源は拠代？

謎073 氏神はどうやって生まれたの？

●村々の「祖霊」から「氏神」へ

やがて、農耕の時代が始まり、村落共同体が成立すると、村人たちは、その成員たちに共通の神を共同体の神として祀るようになります。共通の神とは、「**祖霊**」です。「祖霊」とはいったい何でしょう？

◆「祖霊」は浄化された死霊？

人が死ぬということは、霊魂が肉体から離れてしまうことだと、当時の日本人は考えていました。たとえ死んでも霊魂が舞い戻って来れば、人は生き返り、その霊は「**生霊**《いきりょう》」と呼ばれます。しかし、肉体の腐敗が進行し、白骨になってしまうと、霊魂は完全に肉体から遊離してしまいます。こういう霊魂は「**死霊**《しりょう》」と呼ばれました。「死霊」は穢《けが》れたもので、これが付着すると、付着した人に災厄をもたらすと考えられていたので、当時の人たちは「**もがり**（風葬のこと）」によって、死霊を祭り鎮め、浄化していました。「**祖霊**」とは、こうして浄化された死霊の集合体と考えられていたのです。

また、「祖霊」は、春になると野に下りて来て「田の神」となり、共同体に豊穣をもたらす「**山の神**」とする説もあります。

◆豪族たちの祖霊＝氏神

いずれにしても、各共同体ではそれぞれの「祖霊」が祀られていたのですが、その祭祀をつかさどり、村の秩序を維持する役目を負ったのが、各村落の首長でした。

やがて、それら首長たちの中から、村落を統合する豪族が現れます。これらの豪族は「氏」と呼ばれました。やがて豪族は、自分たちの「祖霊」を村々の「祖霊」の上に立つ「守護神」として祭るようになりました。これが「**氏神**《うじがみ》」です。

豆知識

なぜ鳥居なの？…古来、アジアでは、鳥は霊魂を持ち運びする聖なる生きものと考えられていた。インドやチベットで「鳥葬」が行われるのも、日本で霊が寄り付く場所に鳥を象った「鳥居」を設置するようになったのも、同じ理由からと思われる。

謎074

日本の神々には、神話はなかったの？

皇祖神の登場と記紀神話の成立

「神道」とは、これまでに見てきたような日本人の自然崇拝、祖霊崇拝などのあり方全体を指す言葉で、その信仰のあり方や信徒の義務などを定めた教理はありませんし、キリスト教の聖書やイスラム教のコーランに相当するような聖典も存在しません。では、神話はどうでしょう？

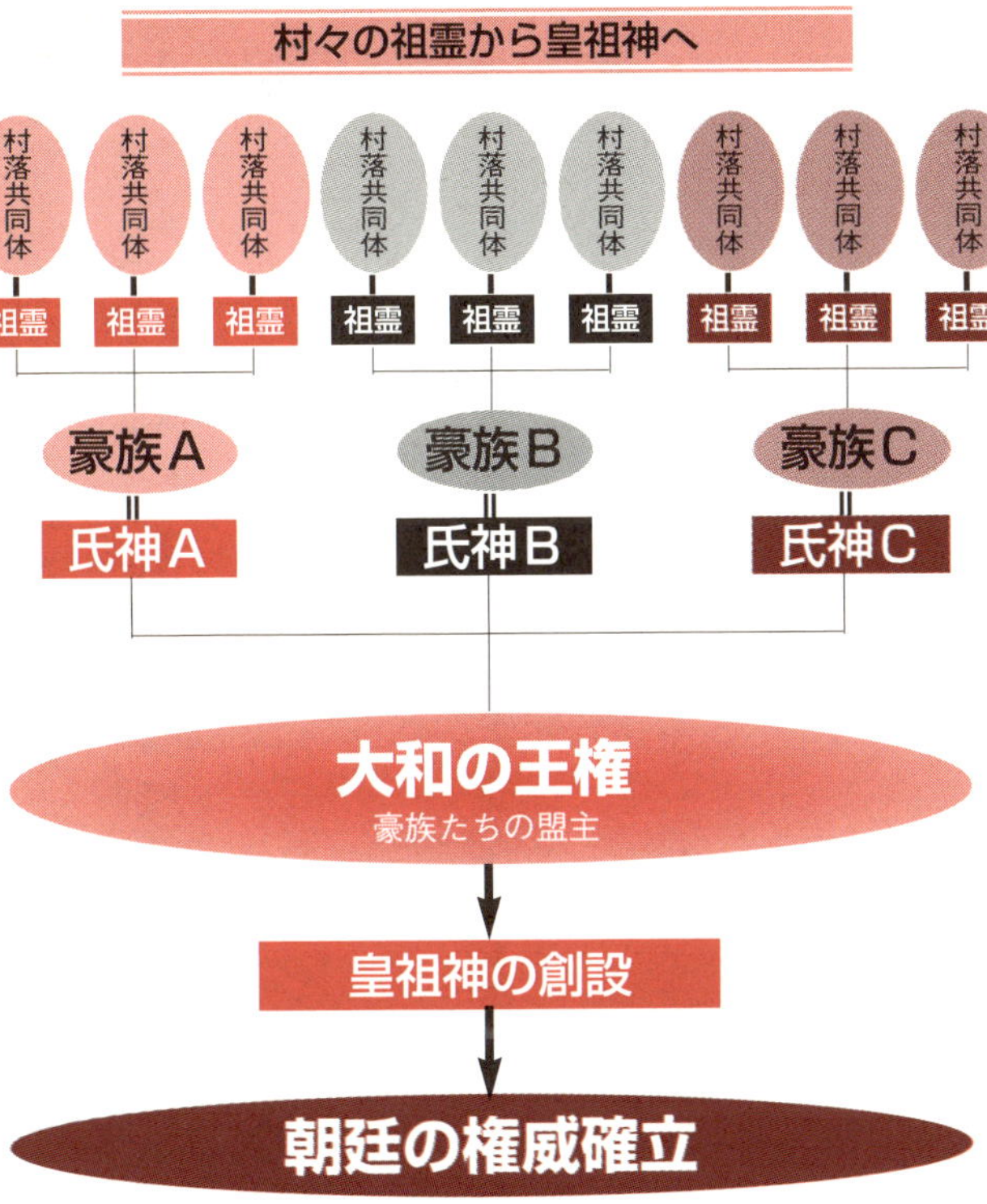

◆「皇祖神」の登場

第1章で、神話は神々を序列化する役割を果たした、ということをお話ししましたが、日本でも、大和の王権（まだ「朝廷」という呼び方ではありませんでした）が力をつけるにつれ、こうした動きが出てきます。

初期の大和政権は、豪族たちの個別の利害を束ねる盟主＝大王といった存在でしたが、それら豪族の私的利害を抑えて、国家による統治を実現するためには、より超越的な権力が必要になります。そこで登場したのが、「皇祖神」という新しい神です。

◆天皇は神の子孫、と語る神話

「皇祖」とは天皇の祖先という意味。その祖先を「天照大御《あまてらすおおみ》神《かみ》」（大地と宇宙を支配する女神）とし、その子孫である天皇は「この世に現れた神」であるとすることによって、豪族たちをその超越的な力によって支配しようとしたのです。こうして、朝廷の超越的な権威が確立されたのは、だいたい7世紀後半の天武天皇の頃とされています。

◆『古事記』『日本書紀』の成立

その頃から、神話の文献化が始まり、奈良時代に入った712年には『古事記』が、720年には『日本書紀』が成立します。『古事記』も『日本書紀』も、神話であると同時に国家の成立由来を説明する歴史書でもある、という性格を持っています。

そして、これが一神教の神話との大きな違いでもあるのですが、記紀神話の中では、人間は神との血縁関係で語られています。つまり、神と人間の間に絶対的な断絶が存在しないのです。そういう意味では、とても現実的な神話とも言えるわけです。

謎075

記紀神話にはどんなことが書いてあるの？

日本国誕生の神話と天皇の系譜

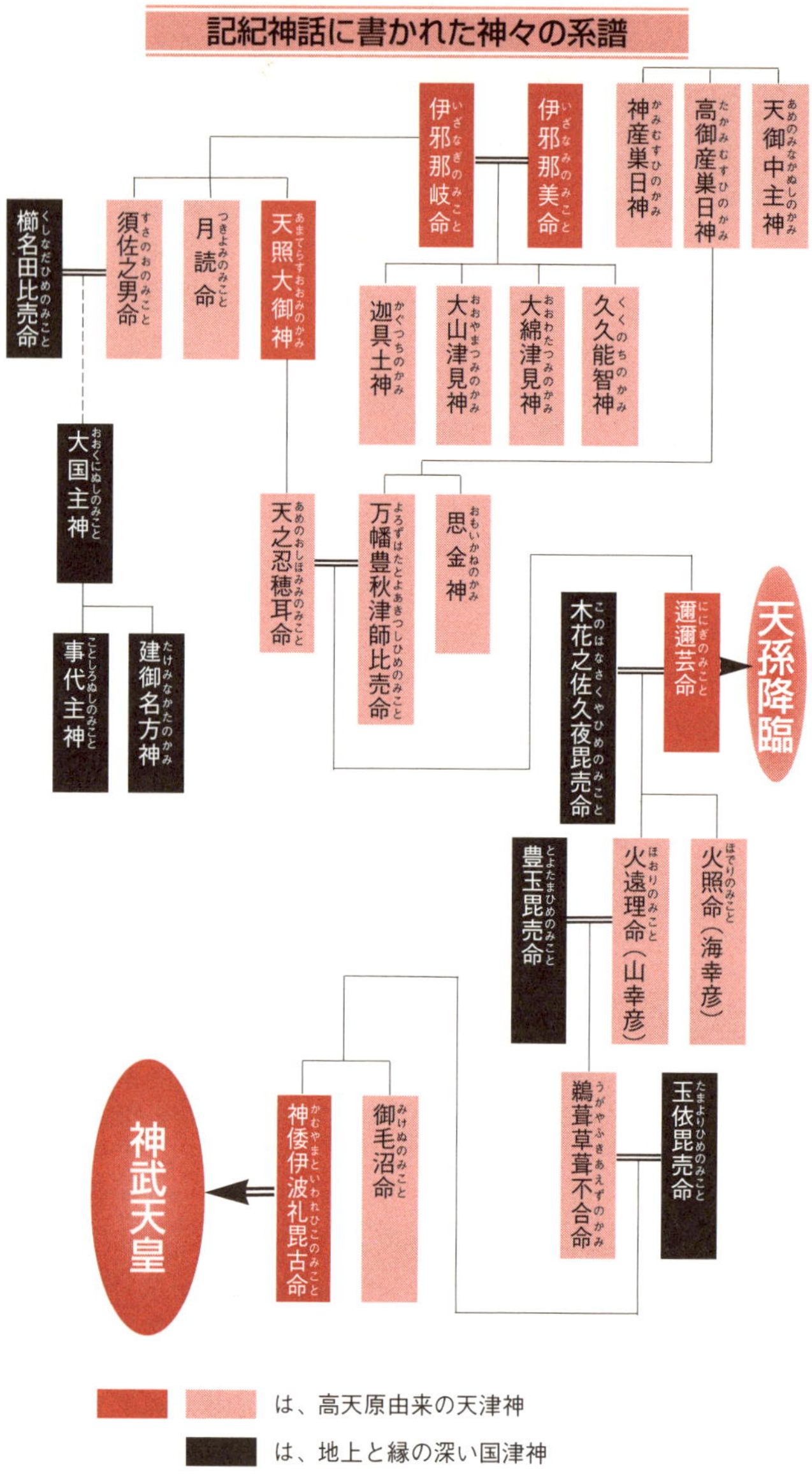

記紀神話によれば、日本列島は、**伊邪那岐命《いざなぎのみこと》**と**伊邪那美命《いざなみのみこと》**という男女の神々が、混沌とした世界に産み落とした子どもとされています。

一神教の神は、無から世界を創造しますが、記紀神話では、世界はすでに存在していて、その混沌の中から国が創られていきます。これも、日本的多神教の特徴のひとつと言っていいでしょう。

◆天皇は神の子孫

この伊邪那岐命から天照大御神が生まれ、その5代目の子として「**神倭伊波礼毘古命《かむやまといわれひこのみこと》＝神武天皇**」が生まれます（系図参照）。

こうして、天皇は神の子孫であるということが、神話的に語られていくわけです。

さて、この天照大御神誕生の神話の中に、日本人の宗教観（死生観）を語る上で欠かせない話が登場しますので、ご紹介しておきましょう。

◆「穢れ」と「禊」の思想

日本列島を産み落とした女神・伊邪那美命は、火神・迦具土神《かぐつちのかみ》を産むと、死んで「黄泉《よみ》の国」へ行ってしまいます。悲しんだ伊邪那岐命は、妻を慕って黄泉の国を訪れますが、そこで目にしたのは、体中にウジ虫のわいた恐ろしい伊邪那美の姿でした。伊邪那岐は驚いて黄泉の国を逃げ出し、川原で「**禊祓《みそぎはら》い**」をして、死の穢れを取り払います。

「天照大神（日神）」は、この禊のときに、他の二神、「月読命《つくよみのみこと》（月神）」「須佐之男命《すさのおのみこと》」とともに生まれたと、『古事記』には記されています。

豆知識

天孫降臨…「天孫」とは天照大御神の孫・邇邇芸命。この邇邇芸命が高天原から地上（豊葦原の瑞穂の国）に天下ったことを言う。この降臨神話は、北方大陸系に由来する神話で、天照神話の東南アジア稲作系的な性格とは一線を画している。

謎076 お葬式の後で塩を渡されるのはなぜ？

●死を「穢れ」と感じる日本人のメンタリティ

「穢れ」と「禊」「祓い」の関係

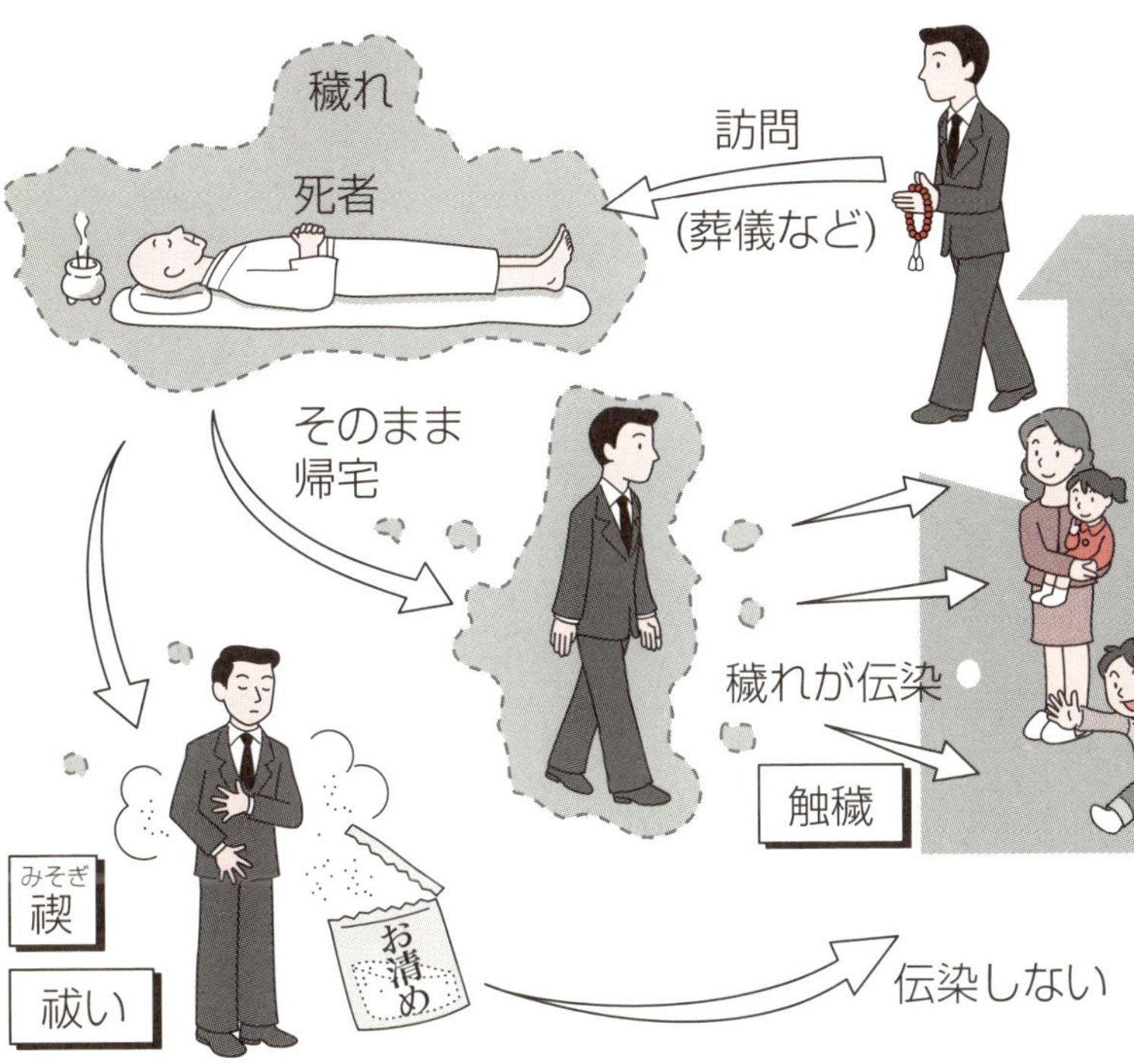

さて、前項でご紹介した天照誕生の神話の中には、私たち日本人の宗教、というよりメンタリティに関する大事なテーマが出てきます。それが、「穢《けが》れ」「禊《みそぎ》」「祓《はら》い」です。

◆「穢れ」は伝染する？

前にも少し触れましたが、古来、日本人は「死」を「穢れ」と考えていました。そしてこの「穢れ」は人に伝染すると考えていました。たとえば、だれかが死んでその葬式に参列すると、参列した全員に穢れがうつります。そのひとりが、そのまままだれかの家に行くと、その家にも穢れがうつります。これを「触穢《しょくえ》」と言います。

この穢れ＝不浄を何よりも嫌うのが神々で、不浄なものを近づけると神が怒り、祟りをもたらすと、古代の人たちは考えていました。したがって、この穢れは取り除かなくてはいけません。それが「禊」と「祓い」です。「禊」は身を清めること、そして「祓い」は、穢れを取り払うことを言います。

◆定着した「禊」と「祓い」の風習

いまでも神社などで「お祓い」を受けますが、あれは穢れを取り除く儀式。神社にお参りをするときには、「御手洗《みたらし》」で手を洗い清めますが、あれも一種の禊。お葬式の帰りに渡される「清めの塩」は、その穢れを清めるためのもの。家の中のだれかが亡くなったときに「忌中」の札を立てるのも、穢れを「忌み嫌う」から来たものです。

ところで、お葬式はたいていが仏式で行われると思いますが、仏教の考え方の中には、死を穢れとする思想も、禊や祓いという考え方もありません。それでも、お葬式の帰りには清めの塩が渡されます。なぜでしょう？ この答えを見つけるためには、仏教渡来以降の「仏」と「神」の関係を見直してみる必要があります。

豆知識

もがりの風習…「もがり」とは「風葬」のこと。霊肉分離を信じていた古代の人々は、人が死んでも霊が肉体に戻ってくれば生き返ると考えていたので、死体が完全に腐敗してしまうまでは、野ざらしにして霊が舞い戻ることを期待していた。

謎077

神社の中に「お寺」があったり、お寺の中に「神社」があるのは？

「神宮寺」「鎮守社」誕生の秘密

仏教が日本に入ってきたとき、日本人は「仏」を新しい外来の神様がひとり増えた、ぐらいの感覚で受け入れたと思われます。

◆強烈だった新しい神の衝撃

しかし、この新しい神様はとてつもなく強大な神様でした。それまで「悪いことが起こるのは神の怒りの現れ」としか考えなかった古代の人たちに、「自分を苦しめるのは、己の欲望である」と説き、悟りを得ることによって救済されると説く仏教の教えは、強烈なインパクトを与えました。

特に、人を支配し、私的所有を拡大することに不安や罪の意識を感じ始めていた当時の貴族たちの中には、その教えにすがり、仏の呪力で救済されようと願う者が出てきます。聖武天皇の時代になると、全国に**国分寺**や**国分尼寺**が建立され、国家鎮護から支配階級の病災除厄にまで、その効験が期待されるようになります。

しかしながら、当時の仏教は、まだ上流知識層だけのもので、僧たちも、国家の統制のもと、もっぱら学問として経典などを研究することに専念していました。寺社以外での布教活動も禁止されていましたから、一般民衆にはほとんど浸透しませんでした。

◆神社の中の寺、寺の中の神社

奈良時代の後半になると、そんな中から、国家の統制に属さない密教系の**遊行僧**《ゆぎょうそう》や**山林修行者**が現れて、各地の豪族層などに教えを説き始めます。やがて、彼らは、豪族たちの苦しみを救うために菩薩像などを彫って、神社の境内に堂などを建てて安置するようになります。こうして、寺か神社かわからない「**神**《じん》**宮寺**《ぐうじ》」というものが、各地に出現するようになりました。

逆に、寺の中に神社が造られるケースもありました。奈良時代に建立された東大寺は、その鎮守のために、大分県の宇佐にある宇佐八幡宮の八幡神を「勧《かん》請《じょう》」（神の分霊を迎え入れて祭ること）して、境内に「**鎮守社**」を建てています。

◆「氏神」から「産土神」へ

「鎮守社」の考え方は、「古来の神々に仏を守らせる」というものです。平安時代になると、この考え方は地方の寺院に広がり、各地に「鎮守社」が建てられました。さらに鎌倉時代になると、氏族集団によって構成されていた豪族層が没落し、それまでの「氏神信仰」が薄れて、寺社ばかりでなく各地の貴族たちも、その領地を鎮守させるために盛んに「鎮守社」を造営するようになります。

こうした鎮守社に祭られたのは、「鎮守の神＝産土神」です。「**産土神**《うぶすながみ》」とは、人の生まれた土地を鎮護する神のこと。以後、従来の「氏神」は、この「産土神」にとって代わられるようになります。

謎078

「八幡大菩薩」は「神様」なの？「仏様」なの？

神と仏の融合

神社の中に造られた寺＝神宮寺や、寺の中に造られた神社＝鎮守社の出現は、「神」と「仏」の領域をわかりにくいものにしてしまいました。領域ばかりでなく、神そのものと仏そのものが合体したり、融合したりするケースも出てきます。その典型的な例が「**八幡大菩薩**」です。

◆勧請された八幡神が菩薩に

「八幡神」はもともとは、いま

豆知識

八幡神は鍛冶の神？…なぜ、東大寺の大仏造営に八幡神が勧請されたのか？　実は、もともと八幡神は鍛冶の技術を持つ氏族集団の氏神だったのではないか、という説がある。この集団は全国を移動していたので、各地に「八幡」の地名が残っているとも。

の大分県の宇佐地方で勢力を誇っていた豪族・大神氏の氏神だったと考えられています。奈良時代には、宇佐八幡宮は、国家を外敵から鎮護する神として重視されるようになり、やがて応神天皇を主祭神とするようになります。

　前出のように、宇佐八幡宮には「弥勒寺」という神宮寺があって、菩薩像（悟りを得ようと修行する、仏になる以前の仏の姿）が安置されていました。この八幡神が東大寺を鎮守する神として勧請されたことから、八幡神は「仏教を保護する神」と考えられ、「八幡大菩薩」の称号を授けられました。やがて、この考え方は各地に広がり、平安期になると、全国の八幡神に「菩薩」号がつけられるようになりました。

◆「権現」という考え方

　神が仏を鎮守するという関係では、鎮守される仏のほうが優位な立場に立っています。そのうち、こうした神は、「仏が権《かり》に神の姿で現れたもの」と解釈されるようになり、「権現《ごんげん》」と称されるようになります。八幡大菩薩も「権現」ですから、神であると同時に、仏の権の姿でもあるわけです。

　935年に自ら新皇を名乗って乱を起こした平将門は、この八幡大菩薩から「新皇の位を授ける」との託宣を受けたと記されています。以後、八幡大菩薩は、武力による反逆を支える神として、新興武士勢力の信仰を集めるようになります。

神と仏の力関係

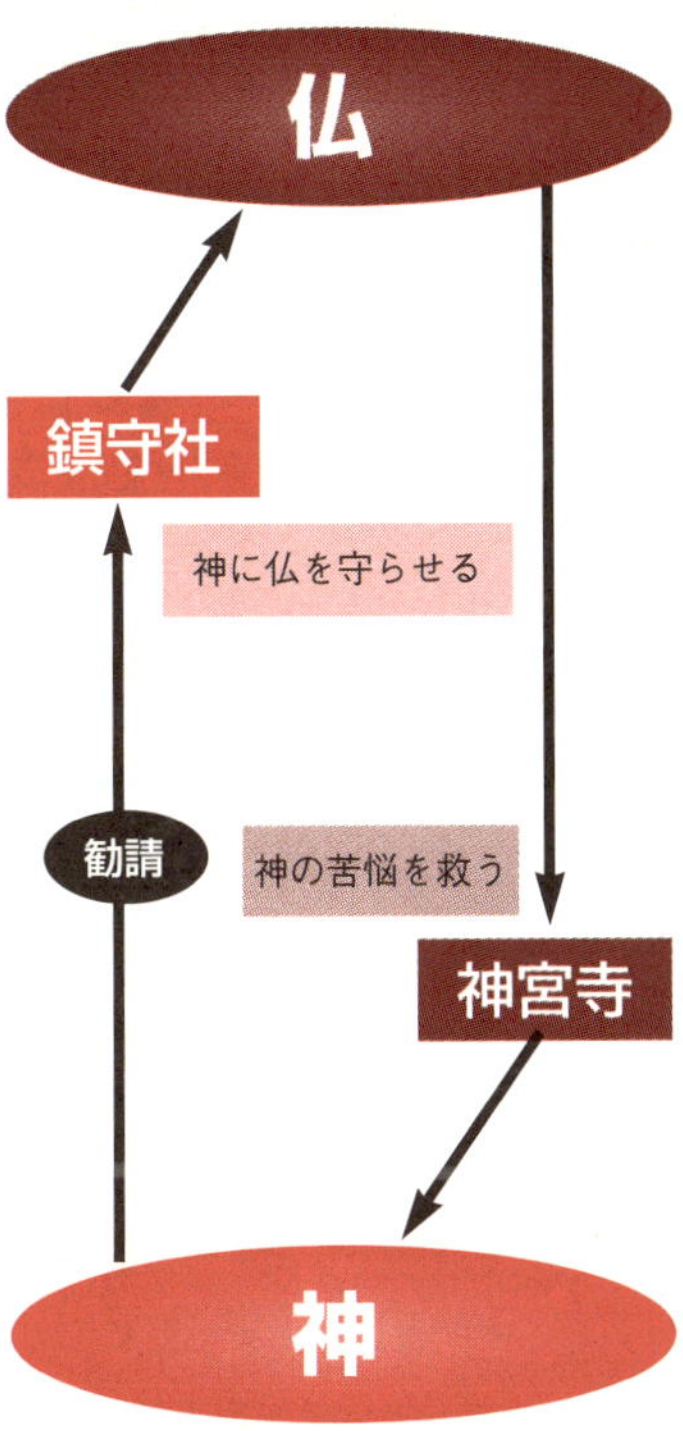

謎079 「陰陽師」は本当にいたの？その仕事は？

怨霊神と陰陽師

　奈良時代末期には、日本人の宗教観を語る上で欠かせない、もうひとつの重要な神が登場します。それが「怨霊《おんりょう》神」です。

◆生きた人間が「神」になる

「怨霊」とは、政争に敗れて非業の死を遂げたり、恨みを残して死んでいった者の霊のこと。当時の日本人は、こうした霊がこの世に現れ、疫病などの恐ろしい災厄をもたらすと信じていました。そこで、これらの霊を神として祭って、恨みを鎮めようという「怨霊信仰」が盛んになります。

　「怨霊信仰」は、実際に生きていた人間の霊を神として祭るという点で、それまでの「神の祟りを恐れて祭る」信仰とは異質なものです。794年に、桓武天皇が都を長岡京から平安京に移したのも、実は、無実を訴えながら非業の死を遂げた政敵・早良親王の怨霊を恐れたからだと言われています。

◆仏の呪力で神を「成仏」

　こうした「怨霊」を鎮める役を買って出たのが、当時の密教僧たちでした。この時代の密教の中には、仏教の教えばかりでなく、中国の「道教」から生まれた「陰陽道《おんみょうどう》」や「修験道《しゅげんどう》」の考え方も混じっていて、密教の僧たちは、「加持祈祷《かじきとう》」と呼ばれる独特の儀式によって、病気や災厄などを祓っていました。

　怨霊を恐れる当時の朝廷や貴族たちは、この加持祈祷の呪力によって怨霊を鎮めようと、しばしば「御霊会《ごりょうえ》」と呼ばれる法会を催しました。神の怒りを仏の呪力によって鎮め、神を「成仏」させようというわけです。

　こうした仏の呪力は、怨霊ばかりでなく、物怪《もののけ》にも効果があると、当時の人たちには信じられていました。映画にもなった「陰陽師《おんみょうじ》」は、こうした呪力で物怪と対決するスペシャリスト。安倍晴明《あべのせいめい》もそんな陰陽師のひとりだったのです。

豆知識

加持祈祷はコラボレーション…通常、加持祈祷には3人が参加した。読経するのは密教僧。これに合わせて修験者が護摩を焚き、真言を唱え、物怪がおびき出されたところで巫女に乗り移らせ、それを人形に封じ込めて焼却した。三者一体の共同作業だった。

謎080 「天神様」には何が祭られているの？

天神信仰の由来

日本最強の「怨霊」は、**菅原道真**の怨霊でしょう。901年、すぐれた才能によって右大臣にまで出世していた道真は、時の権力者、藤原一族の奸計にはまって、九州の大宰府に左遷され、2年後に当地で憤死します。

その直後から、都で立て続けに異変が起こります。激しい落雷によって多くの死者が出たりしたため、朝廷は道真を本職に戻し、「**火雷天神**」の称号を授けます。それでも、異変はおさまらず、道真を大宰府に追いやった藤原時平の死去、疫病の流行、御所の清涼殿への落雷などが相次ぎました。

もはや「御霊会」では鎮めきれないほどの凶暴な怨霊と感じた人々は、京都北野の「天神社」に社を建て、道真の霊を「**北野天神**」という神にして祭りました。この「天神信仰」も各地に広がり、当時、貴族勢力に対抗して勃興しつつあった武士勢力の信仰を集めて、各地に「**天満宮**」が建てられたのでした。

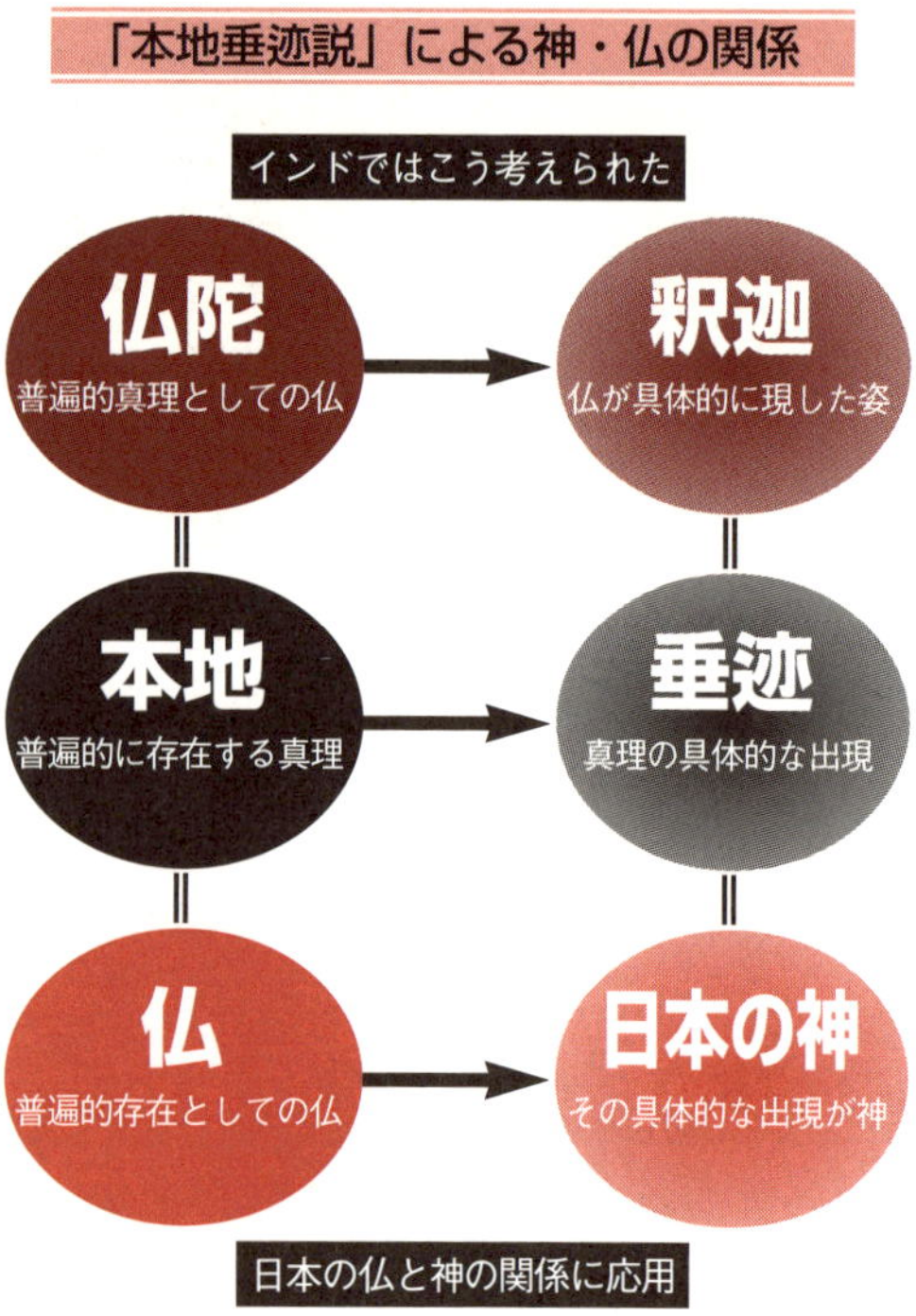

「本地」と「垂迹」の関係を、仏と神の関係に置き換えて説明するのが、「本地垂迹説」。神は仏の具体的な出現とされた。

謎081 「神」と「仏」は、それからどうなったの？

「本地垂迹説」と神仏習合

平安時代には、「怒る神」を「仏の力」で鎮めるという密教的神仏対決が盛んに行われ、神を「成仏」させるという考えが広がりました。しかし、その後も世の中は一向に鎮まらず、天変地異や疫病の蔓延が続きました。次第に、密教的呪力は力を失っていきます。

◆神は仏が「垂迹」したもの

そんなときに登場したのが、「**本地垂迹説**《ほんちすいじゃく》」です。八幡大菩薩について触れたときに、神は仏が権に姿を現したもの（＝**権現**）、という考え方をご紹介しましたが、「本地垂迹説」はそれをもっと理論化したもので、源信が『往生要集』を著し、阿弥陀浄土の教えが広がった頃から、説かれ始めました。

「**本地**」とは、世界に普遍的かつ永遠に存在する「真理」としての「仏陀」という意味。それが具体的な形をとってこの世に現れることを「**垂迹**」と言います。「釈迦」も「本地」である仏陀が「垂迹」したものだ、とする説です。この「本地」と「垂迹」の関係を「仏」と「神」の関係にも当てはめよう、ということが、この頃から盛んに行われるようになります。

平安末期になると、伊勢神宮の天照大御神の本地は大日如来、宇佐八幡神の本地は釈迦…と、ほとんどの神社の神々にその「本地」が定められました。

◆「神仏習合」の完成

ここにいたって、「神」と「仏」は完全に同体となり、「**神仏習合**《しんぶつしゅうごう》」が完成。神社の境内に本地堂や護摩堂が建てられ、僧が神前で読経したり、神主が寺院でお祓いをしたり、という光景が、ごく当たり前に見られるようになったのです。

豆知識

「くわばら、くわばら」の語源…「くわばら」は菅原道真の住まいがあった京都・桑原のこと。道真の死後、都を襲った激しい落雷でも、桑原だけは被害に遭わなかったことから、雷が鳴ると、「くわばらくわばら」と唱えたと言われている。

謎082 日本人はなぜ、遺骨を大事にするの？

霊移しの「拠代」としての遺骨

「死」を「穢れ」と感じていた日本人は、平安初期くらいまでは、死者に近づくことを恐れていました。死体も、野ざらしにして、完全に白骨化して霊が肉体から離れ、浄化されるのを待ってから、骨を拾い集め、土葬にしていました。都の正門である「羅生門」などは、そうした屍の捨て場所になっていたくらいです。

遺骨に「霊」が宿ると考える日本人

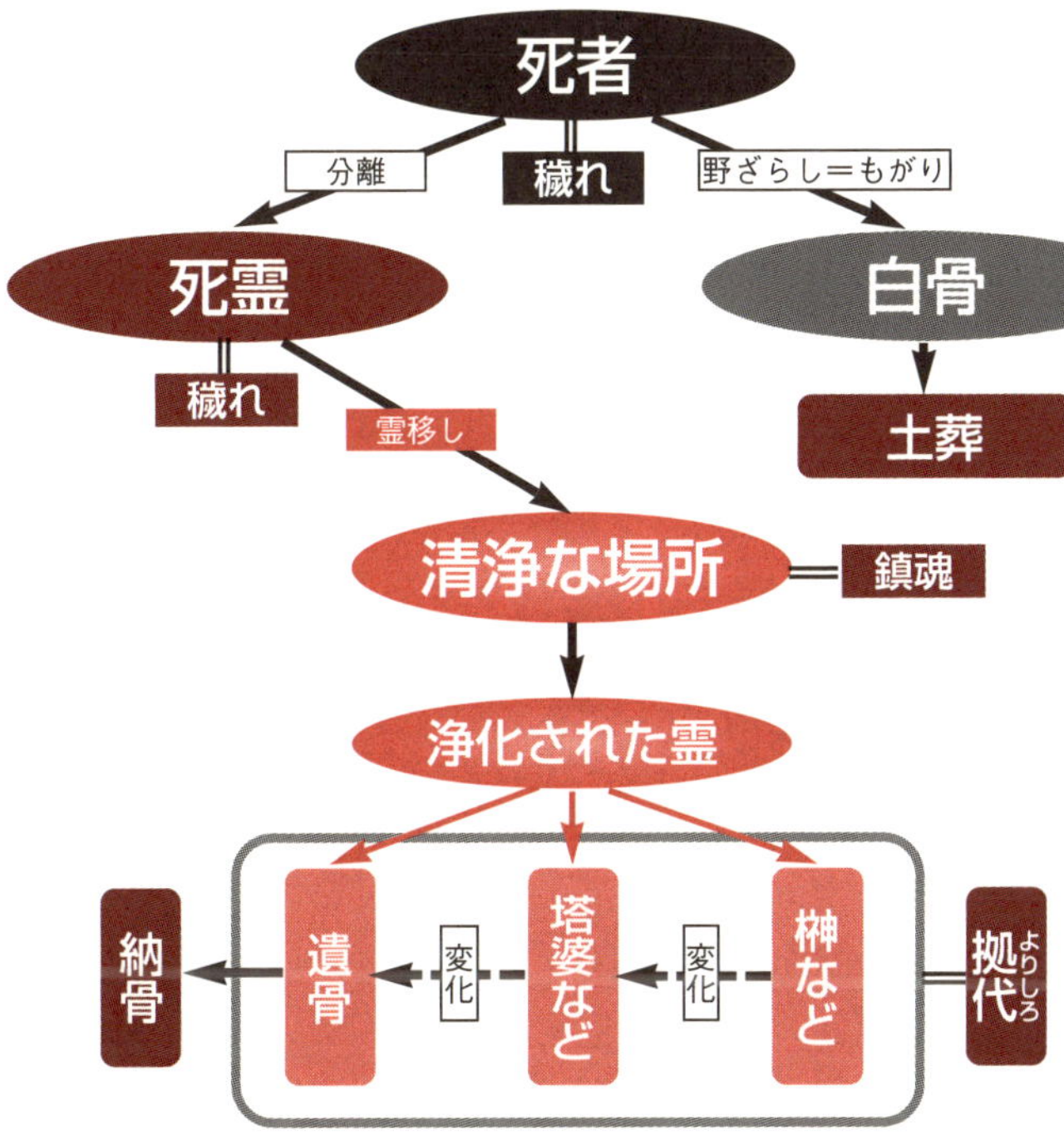

◆遺体を供養するという発想

放置された屍を集めて焼き、弔うということを始めたのは、10世紀半ばの遊行僧・**空也上人**でした。そうして供養することで、浄土へ行けると説いて回ったのです。それまで、死ねば「黄泉の国」に行くと思っていた日本人に、「来世」があることを教えたのも、この空也上人が最初でした。

やがて、本格的に浄土思想が広がるとともに、「来世信仰」も浸透し、また「本地垂迹説」の登場で、死者の霊魂＝神も「仏」と考えられるようになりました。この頃から、遺骨を墓に納めて弔う（**納骨**）という習慣が、まず上流階級の間で始まり、徐々に一般の民衆の間にも広がっていくのです。

◆「拠代」としての遺骨

ところで、なぜ遺骨なのか？　世界中見渡しても、日本人ほど遺骨にこだわる民族はいないような気がします。仏教発祥の地・インドでも、死者は火葬に付しますが、遺骨はガンジス川に流してしまいます。

実は、日本人は、いつの頃からか、遺骨に霊が宿ると考えるようになりました。まだ、穢れ意識が支配し、屍を野ざらしにしていた頃には、死霊を清浄な場所に移して鎮魂する「**霊移し**」という儀式が行われていました。霊が移ってくる「**拠代**（前出）」として、最初は榊などを立てていましたが、やがて仏教の影響でそれが「**塔婆**」などになり、最後に遺骨そのものが拠代と考えられるようになりました。

つまり、遺骨は、清められた死者の霊が宿る大事なもの。だから、日本人は遺骨にこだわるのです。

豆知識

「仏」になっても来訪する霊…浄土信仰では、死者の霊は「仏」になって永遠に浄土にとどまることになったはずだが、それでも人々は、お盆になると霊が家に戻って来る、と考えた。仏になっても、霊は霊。古来の祖霊信仰と仏教思想がここでも合体した。

謎083

「神道」には教団や教派はないの？

神社神道VS教派神道

日本の神道は、キリスト教やイスラム教、仏教のように、だれかが唱え始めたという「**創唱宗教**」ではありません。自然に発生し、日本人の生活とともにさまざまな神社が成立し、それぞれの神をそれぞれのやり方で敬ってきた、古来からの日本人の神観念とそれに沿った生活のあり方すべてを、「神道」と言っていいのだと思います。

こうした伝統的な神道は、現在、「**神社神道**」（神社に祭られた神々を尊崇する宗教）または「**民俗神道**」（「田の神」や「屋敷神」など生活に密着した神々を祀る習俗）として分類されています。

主な教派神道及び諸教

黒住教	1814年、黒住宗忠によって創設。1872年に公認。信者ひとりひとりに宗教的覚醒を求めるのが特徴で、西日本中心に活動。
神道修正派	1876年、新田邦光により創設。「わが国は神国たり、民は神孫たり」とする皇国思想が特徴で、関東南部、中部で活動。
御岳教	御岳山信仰を中心に各地の講を結集して立ち上げた教団。創始者は下山応助。1882年創設で、近畿・中部中心に活動。
出雲大社教	出雲大社への信仰を基盤に、1882年、千家尊福によって組織化され、設立された教団。中四国中心に活動。
金光教	金光大神が創唱、1900年に独立。教理は民俗宗教を純化・昇華させたもので、教師と信者との取次ぎと呼ばれる対話を重視。
天理教	教祖・中山みき。1908年に独立。創造神である唯一神・天理王命の救済によって、「陽気ぐらし」世界の実現を目指す。
禊教	教祖は井上正鉄。正鉄死後、1894年に、弟子の坂田安治によって教団として独立。教会は関東中心に展開。

※「天理教」は、教派神道であることを否定しています。

◆「教派神道」の登場

しかし、明治以降には、そうした自然発生的神道とは一線を画し、特定の教祖が唱える教義を中心にまとまる神道宗派も登場しました。これを「**教派神道**」と呼びます。「黒住教」「金光教」（別表参照）などがそれです。

そうした教派神道のひとつに、出口王仁三郎という人が起こした「大本教」というのがありました。しかし、この「大本教」は、天照大御神を皇祖神とする神道を否定したために、国家によって「異端」とされ、大弾圧を受けてしまいます。

謎084

神道には統一的な教義はないの？

維新を呼んだ復古神道

前にも触れましたが、神道にはキリスト教の「聖書」やイスラム教の「コーラン」に相当するような「聖典」は存在しませんし、そこに根拠を置く教義も存在しません。自然発生的な宗教なので、そんなものはなくて当然なのです。

しかし、そんな古来の神道に解釈を加えようとする神道思想は、いろいろな形で登場します。古くは、神を仏教の中に取り入れようとした密教系神道（「両部神道」や「山王神道」）、室町時代には、代々神祇官を務めてきた吉田家から吉田兼倶が現れて、密教や陰陽道の影響が強い「**吉田神道**」を打ち立てました。

◆倒幕の原動力となった復古神道

江戸時代になると、儒学と神道を融合させた神道思想が登場します。儒学者・林羅山の「理当心地神道」、吉川惟足の「吉川神道」、山崎闇斎の「垂加神道」などがそれです。幕末になると、今度は、日本の古典を重視する国学の立場から、仏教や儒教の影響を廃した純粋な神道思想を打ち立てようという動きが起こります。本居宣長らが唱えた「**復古神道**」です。

尊王思想の強い「垂加神道」や「復古神道」は、尊王倒幕の原動力ともなり、やがて明治になっての「国家神道」成立へとつながっていきます。

豆知識

復古神道…契沖、荷田春満、賀茂真淵と続き、本居宣長によって大成された神道学説。仏教や儒教と習合する以前の純粋な古神道に回帰せよ、と説き、神がもたらす生命力・生産力である「産霊《むすひ》」を神学の中心に据えた。後の国家神道成立にも影響。

謎085 「国家神道」はそれまでの神道とどこが違うの？

「神」が国家に統制された時代

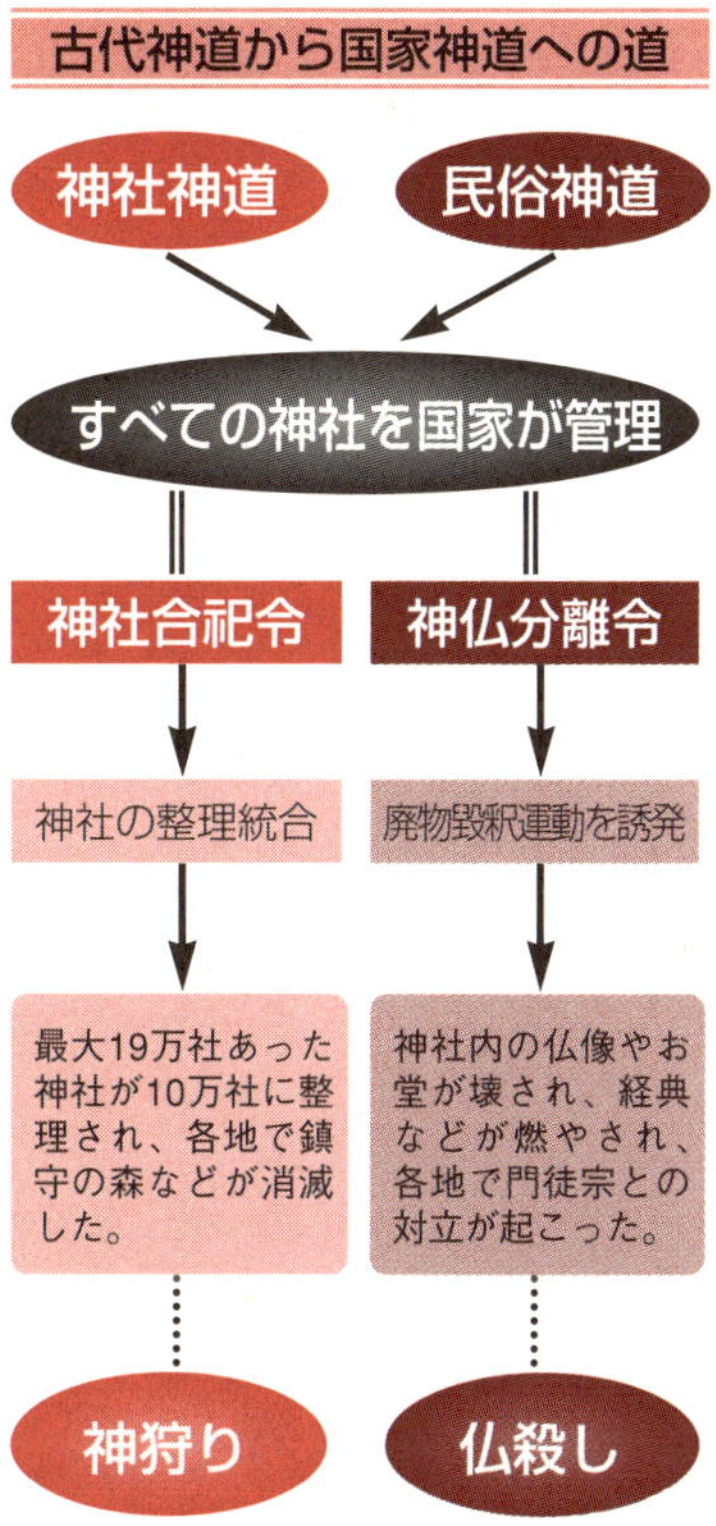

幕末から明治にかけての時代は、日本が近代国家に姿を変えるにあたって、それにふさわしいアイデンティティを確立しようと模索した時代です。

◆脅威だった西洋の一神教

この時代の指導者たちが意識したのは、西洋近代国家の強さとその脅威でした。そして彼らが西洋列強の強さの秘密として捉えたのが、「一神教」でした。これに対抗するためには、自分たちも強力な神を押し立てて国をひとつにまとめないといけない――「国家神道」成立の背景には、そんな意識が働いていたのではないか、と思われます。

まず、明治政府は、日本中の神社を国家の統制下に置きました。そして、それらの神社の神々を祭る地位のトップに天皇を据え、その天皇は「**現人神**《あらひとがみ》」であるとして、すべての国民（仏教徒にもキリスト教徒にも）に信仰することを強要しました。

◆仏も殺され、神も殺された

その当時の神社はまだ神仏習合の状態にありましたから、1868年には「**神仏分離令**」を出して、神社の中にある仏教的なものを排除させます。これに呼応するように「**廃仏毀釈**《はいぶつきしゃく》**運動**」が起こり、各地で寺や仏像が破壊されていきました。言ってみれば「仏殺し」です。

殺されたのは仏ばかりではありません。それまで神社で祭られていた祭神もすべて、「記紀神話」の神々に置き換えられました。さらに、のちに公布された「**神社合祀令**」によって、神社は一町一社にすべしとされたため、廃社に追い込まれる神社も出ましたし、御神木が切り倒されたり、社が破壊されたりもしました。素朴な民間信仰の神たちもまた、殺されてしまったのです。

◆作られた排他的国民性

当時の民俗学者・南方熊楠はこれを「**神狩り**」として怒りました。日本人が古代から育ててきた「神仏」の世界は、「敵を作らず、和を尊び、さまざまな文化を融合させていく」というメンタリティともども葬られて、急速に、一神教的で、排他的で、戦闘的な国民性が作り出されていくのです。

倒幕→明治維新のイデオロギー的バックボーンともなった「**水戸学**」（国学から発展）では、天照大御神の子孫が皇位を継承してきた日本は神州であり、太陽の後継ぎである天皇は、「大地の元首にして万国の綱紀」、つまり「世界を統括する立場にある」と説きました。こうした思想が、後の植民地支配、さらには第2次世界大戦へと日本国民を駆り立てるモチベーションを築いていった、と言ってもいいでしょう。

謎086

靖国神社は、そもそも何のために造られたの？

靖国神社とその思想

最近、何かと問題になる靖国神社ですが、その前身は1869年に設立された「**東京招魂社**」で、当時は神官ではなく軍人が、そこで行われる「招魂式」の祭主を務めていました。その10年後、「東京招魂社」は「靖国神社」と改称し、別格官幣社となります。

◆追悼のための施設ではない

誤解している人もいるようですが、この「靖国神社」は、戦没者を追悼するために造られた神社ではありません。あくまで軍人のみを祭る神社なので、そこには戦災で亡くなった多くの国民の霊は祭られていないのです。また、祭られている軍人は、必ずしも戦死した人ばかりではありません。「東京裁判」で刑死したり、裁判中に病死した戦争指導者たちもまた、祭られています。

◆軍功を顕彰するための施設

では、「靖国神社」とは、いったい何のために造られたのか？　「靖国神社」が別格官幣社となったときの祭文には、こうあります（口語訳）。

《明治元年から今日に至るまで、天皇が内外の野蛮な敵たちをこらしめ、反抗する者たちを服従させてきた際に、お前たちが忠誠心をもって家を忘れ、身を投げ打って名誉の戦死を遂げた、その高い勲功によって大皇国を統治できるのだと思し召したので、これから後、永遠に祭祀することにする》

つまり、「**戦死者を悼む＝悲しむ**」のではなく、「**その勲功を顕彰（表彰）する**」のだから、国民はそれを大いに喜びとすべきである、という趣旨が、そこからは窺えます。

天皇を神とする当時の教えの中では、臣民（国民）は天皇の赤子であるとされていました。親は、その赤子を天子様（天皇）からお預かりしているのである。その赤子を天子様にお返ししてお役に立ててもらえるのだから、これにまさる喜びはないではないか――そう教えられていたのです。

靖国神社は、死ねば「**英霊**」として祭るという宗教的機能を通して、こうした思想を完成させたのです。

◆遺族の意志より天皇の意志

靖国神社にとって、重要なのは、遺族の意志ではなく、天皇の意志でした。というより、戦死者を祭る、ということに関しては、遺族の意志が関与する余地はありませんでした。

戦後、戦争で亡くなったクリスチャンの遺族から、「本人の意志に反して靖国神社に祭られている兄たちの合祀を取り消してほしい」との要求が出されたことがありましたが、当時の神社権宮司は、「合祀は天皇の意志によるのであるから、遺族の意志で抹消するわけにはいかない」と回答しました。

合祀取り下げの訴えは、旧植民地（朝鮮・台湾）出身軍属の遺族からも出されましたが、これに対しても神社側は、「日本の兵隊として、死んだら靖国に祭ってもらうのだという気持ちで戦って死んだのだから、遺族の申し出で取り下げるわけにはいかない」と、これを拒否しています。

当時の植民地では、国内同様、赤紙一枚で台湾や朝鮮の人たちも軍隊に徴用されていました。徴用ですから、それは日本国内同様、強制的なものでしたが、戦死したそれらの軍属に対しては、補償もなく、戦死公報さえ届きませんでした。にもかかわらず、戦後30年以上も経った1

977年になって、突然、「合祀通知書」なる通知が届くのです。しかも、異国の地で異教の神にされて……。遺族にしてみれば、こんな屈辱的な話はありません。

◆靖国問題は思想の問題

靖国神社問題を考えるときには、こうした靖国神社の思想的体質を考慮に入れる必要があります。「外国があれこれ言うから」ではなく、日本人である私たち自身が、靖国神社が持つこうしたイデオロギーを是とするのか、否とするのか、そこが問題なのです。

国民は天皇の赤子であり、求められれば喜んで命を差し出し、死んだら英霊になるのだから名誉なことだ、という思想を受け入れるのなら、「首相の公式参拝大いにけっこう」と言えばいいのだし、いや違う、いまは国民主権の時代なのだから、靖国の思想そのものがおかしいと思うのなら、「戦死者の霊は、他の公的慰霊施設を設けて弔うべきだ」と主張すべきなのです。

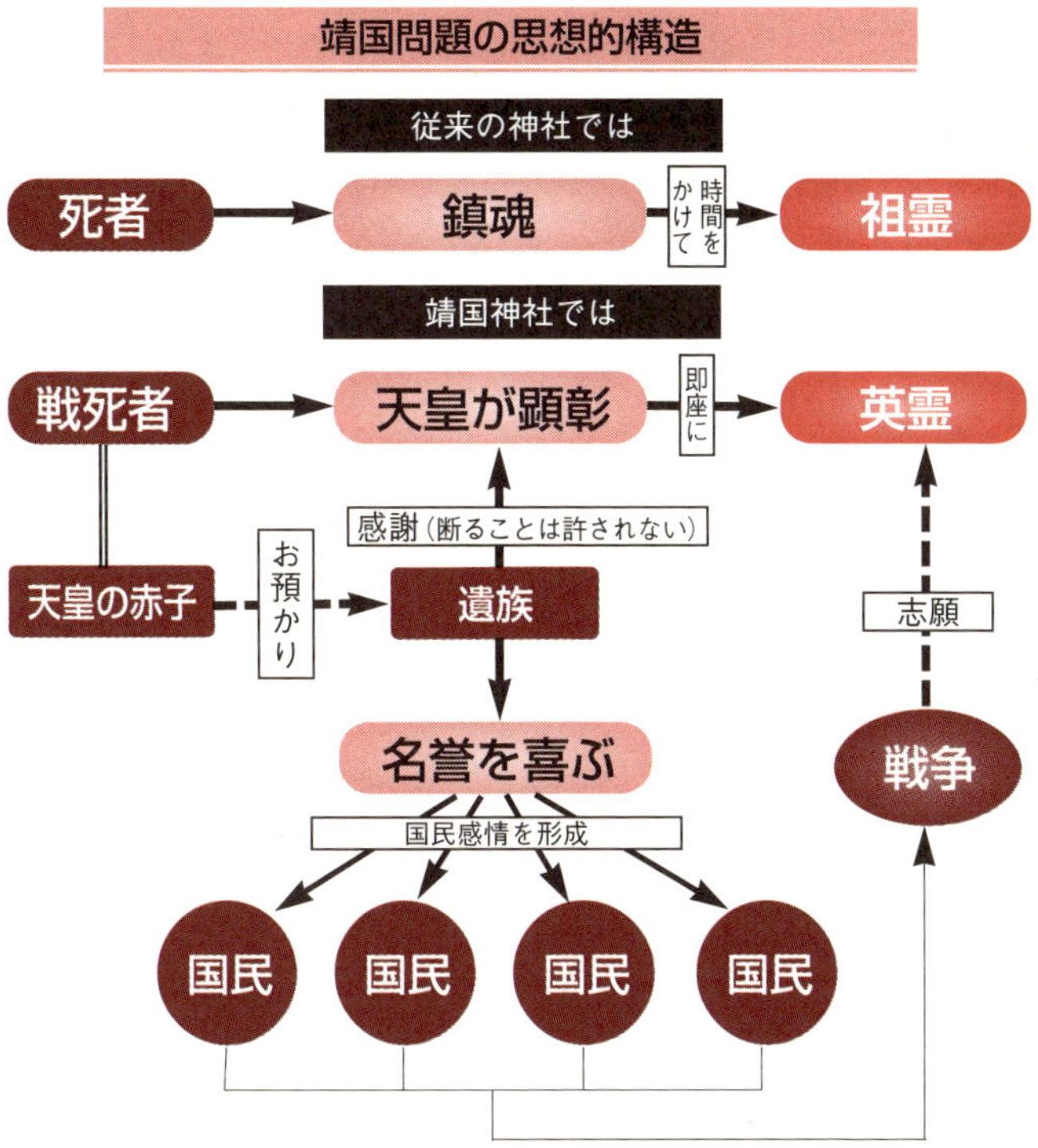

謎087 外国はなぜ、首相の靖国参拝を問題にする？

はたして内政干渉か？

小泉首相が靖国参拝を繰り返す度に、諸外国、特に中国と韓国では大きな反発の声が上がりました。これを「内政干渉だ」「他国の文化に口を出すのはおかしい」とする声が、日本の識者の中からも上がっています。

◆国として靖国の思想を問うべき

しかし、靖国神社には、「外敵を征討するに勲功あった戦士を顕彰する」という軍国主義の思想が、色濃く残っています。まさにそのために造られた神社なのですから、そこへ首相が参拝するということは、国としてその思想を認めることになってしまいます。特に諸外国が問題にしているのは、そこに先の大戦を指導した指導者、いわゆる「A級戦犯」が合祀されていることです。このA級戦犯さえ外してくれれば、参拝も問題なし、と主張しているのですが、これは政治的妥協の産物。むしろ、問題の本質を隠蔽することにもなりかねません。

こうした外国からの反発を「内政干渉」と言うなら、日本もその標的となり得る核開発はけしからん、と言うのも「内政干渉」になってしまいます。モノ＝軍備はけしからんが、思想ならいい、という理屈は、成立しません。むしろ、その思想こそ危険なのだということを、戦前の日本の歴史は物語っているからです。

◆忘れられた国歌護持問題

もう忘れられているかもしれませんが、いまから30数年前、その靖国神社を「国家護持」しようとする動きが、国会議員の間で持ち上がったことがありました。結局、この法案は、政権与党内からも反対の声が上がって廃案となったのですが、現在の政権の動きには、それに似た思想的傾向が垣間見えます。

豆知識

A級戦犯合祀…靖国神社への合祀は、厚生省が「公務死」と認定した人々の名簿を神社側に渡して行われてきた。A級戦犯については、厚生省はすでに1966年にその祭神名表を神社側に渡していたが、国民感情を考慮した神社側はこれをしばらく保留。1978年になって合祀に踏み切ったが、この事実は公表されず、翌年の新聞報道で明らかになって、問題となった。

謎088

中国の人たちは、どんな神様を信じているの？

現代中国の宗教事情

ご承知のとおり、現在の中国は共産主義の国です。「宗教は阿片である」とする共産主義の思想からすると、国教などというものがあるわけはないのですが、と言って、国が宗教を禁じているわけではありません。

では、中国人は何を信じているのか？　これがひと言では言えないのです。世界の宗教人口などという統計でも、中国は「**中国民間宗教**」というふうに分類されていて、ではその民間宗教とは何か、に対する答えがまた、むずかしいのです。

中国で生まれた宗教、ということで答えるなら、**儒教**、**道教**がまず頭に浮かびます。しかし、中国はまた、日本に仏教を伝えた国でもあります。それに易でおなじみの**陰陽五行説**も、中国生まれ。中国はそれらが渾然一体となって、民間宗教を形成している国、というのが、いちばん正確な答えなのかもしれません。ここでは儒教と道教を中心に、中国の宗教事情を概観したいと思います。

謎089

儒教ははたして宗教と言えるの？

孔子・孟子の思想

儒教は、紀元前551年頃に誕生した**孔子**と、その100年後の戦国時代に登場した**孟子**によって確立された思想です。孟子の時代は、ちょうどギリシャでソクラテスやプラトンが西洋哲学の基礎を打ち立てていた頃にあたります。

◆為政者に「徳」を説く教え

孔子や孟子が説いたのは、人と人との関係、と言っていいでしょう。そのために何が大事かというと、孔子は「**徳**」だと説きました。まず個人が徳をもって身を修める。そうすれば「家」が治まる。家が治まれば、国が治まる。国が治まれば、天下は平安となる。これが、儒教の考えの基本で、特に孔子が訴えたのは、為政者＝王が徳を修めることの重要さでした。

では、その「徳」とは何かというと、いちばんたいせつなのが「**仁**」です。「仁」とは、「人を慈しむ心の働き」です。

次に「**礼**」。「礼」とは、他人に対する作法である社会的な規範としての礼儀です。儒教ではこの礼儀の規定がとても細かくて、たとえば、父親が死んだときには、3年間喪に服しなさい、というようなことが定められています。

そして「**義**」。これは、人の行うべき道のことで、たとえまわり中が「ＹＥＳ」でも、それはおかしいと感じたら、「ＮＯ」と言う勇気を含む「義」です。

もうひとつは「**智**」。これは善悪を見きわめる判断力のことを言います。

◆まず「孝」、次に「忠」

孔子はこの4つを重要な徳目として説きましたが、後に現れた孟子は、「仁」の実践には「義」が欠かせないとして「**仁義**」一体を唱え、さらに後代の董仲舒は、これに「**信**」を加えて「**五常**」(左の表)としました。

こうした儒家の教えに特徴的なのは、これらの実践にあたって、まず家、次に社会、という優先順位を設定したことです。家における「**孝**」があって、その次が社会における「**忠**」。主君への「忠義」と親への「孝行」がぶつかったら、迷わず「孝」。これが、儒教思想の基本なのです。公務についても同じです。

もうひとつ特徴的なのは、儒家のこうした教えは、「**君子**」

豆知識

江戸幕府と朱子学…「朱子学」は、宋の時代になって、南宋の朱熹《しゅき》が説いた儒教の体系。宇宙の根本原理である「理」と、その材料である「気」、両者があいまって万物を構成するという「理気二元論」が特徴。江戸幕府はこれを官学として奨励した。

（支配階級）に向けられたものであって、決して「小人」（庶民）に向けられたものではない、ということです。庶民に徳を守らせようとしたら、「刑罰を科せばよい」というのが、儒教の考え方でした。

◆バックボーンに祖先崇拝

こうしたところから、儒教というのは政治学と道徳学が一緒になったようなもので、宗教とは言えない、とする声もあります。しかし、こうした思想の背景には、**祖先崇拝**の古代の信仰が色濃く残っており、祭祀も重視されるところなどを考えると、やはり宗教として捉えるほうがいいように思われます。

儒教の教えの基本～「五倫」と「五常」

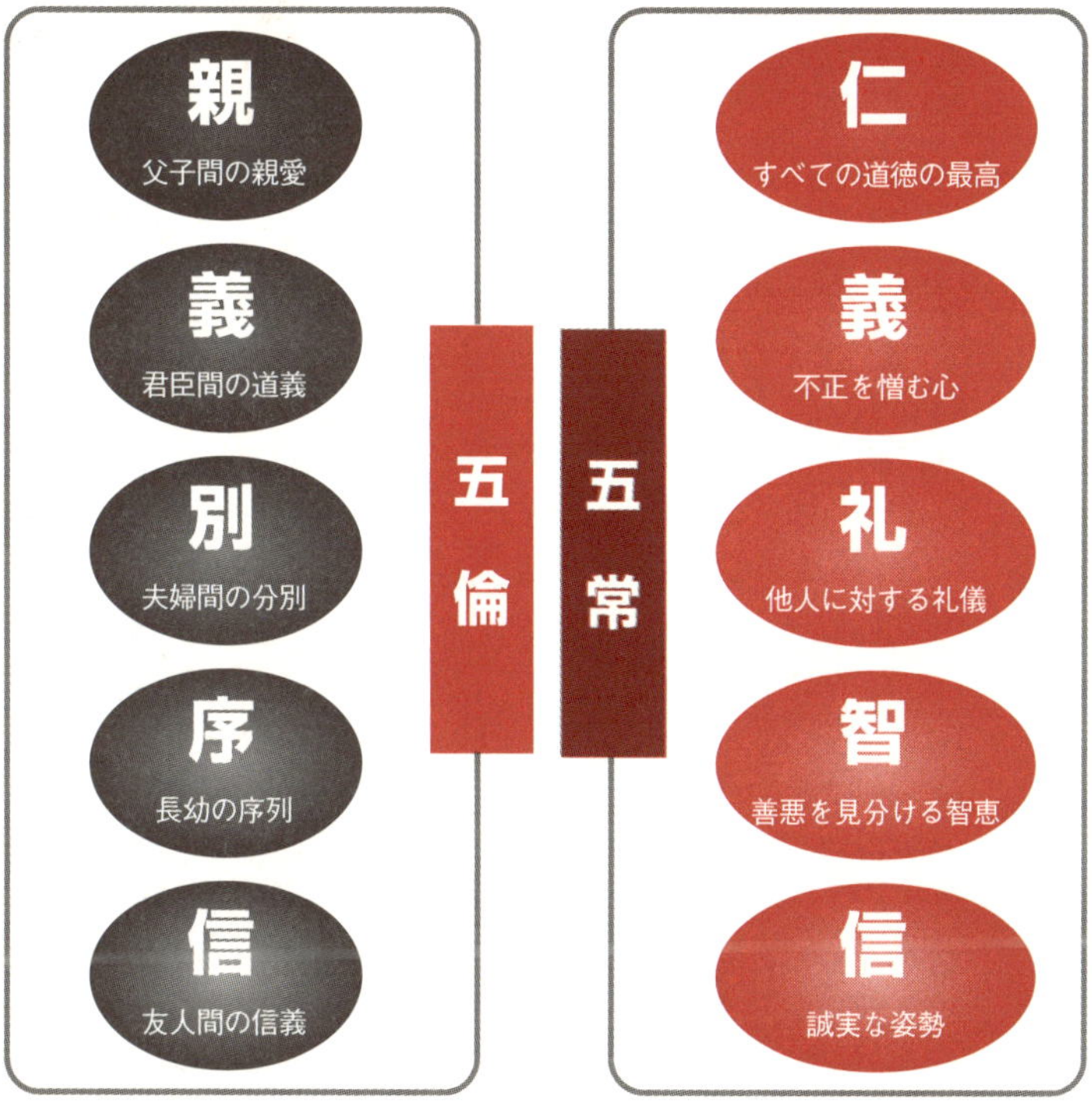

謎090 道教ってどんな宗教？何を教えたの？

老荘思想と道教

儒教が君子＝支配者のための教えとするなら、道教は庶民の宗教と言ってもいいでしょう。

「**道教**」が宗教としての体裁を整えるのは、2世紀に入った頃からと言われます。そのベースとなったのは、古来からの祖先崇拝、シャーマニズムなどですが、これに「不老不死の神仙が存在する」とする「**神仙思想**」や、占いでおなじみの「**易**」、十干十二支で知られる「**陰陽五行説**」などが混入し、呪術的色彩の強い宗教としてまとまったのが「道教」です。

◆あるがまま＝「無為」という思想

この道教の思想的バックボーンとなったのが、**老子・荘子**の思想です。老子は孔子と同時代の人とされていますが、その出自や経歴はほとんど伝説に近いもので、よくわかっていません。荘子は孟子と同時代の人で、老子の思想をさらに発展させた人物とされています。

このふたりの思想は「**老荘思想**」と呼ばれますが、その特徴をひと言で言うと、「**無為**」ということです。「無為」とは「あるがまま」ということ。人間の認識の作用（人為）を排して、あるがままの自然に立ち帰れというのが、その主張でした。

◆ヨーロッパ思想にも影響

宇宙の根源としての「**道**（タオ）」を説く彼らの思想は、のちに仏教とも結びつき、日本にも伝えられて、密教や修験道に影響を与えました。また、近代に入ってからはヨーロッパにも紹介され、「**タオイズム**」と名づけられて、近代思想に少なからぬ影響を及ぼしました。

こうして老荘思想と結びついた道教は、その後、いくつもの教団が作られ、後漢時代の2世紀半ばには、「太平道」という教団が、中国史上初の宗教反乱「**黄布の乱**」を起こしたりします。しかし、5世紀以降は、北魏で国教化されるなどして次第に貴族化し、民衆から離れていきました。

豆知識

神仙思想…道教の源流ともなった民間思想。紀元前3世紀頃、山東半島を中心に広まった。人間は、不老不死の神仙になれる、と信じる思想で、そのために山にこもったり、仙薬の開発に没頭する者も現れ、その仙術は道教にも取り入れられた。

謎091

韓国にはなぜクリスチャンが多いの？

●気になるお隣・韓国の宗教事情

韓国も、中国同様、宗教に関してはわかりにくい国です。

◆儒教・仏教・キリスト教

日本に仏教を伝えたのは、百済（その頃、朝鮮半島南部にあった国で、新羅と対立関係にありました）ですから、当然、いまでも**仏教**は、重要な宗教のひとつではあります。国全体の文化的基礎という意味では、やはり**儒教**かもしれません。しかし、意外と思われるかもしれませんが、韓国は**キリスト教**（特にプロテスタント）の地盤もかなり強いのです。

実際、朴大統領の葬儀の際には、カトリック、プロテスタント、仏教の代表が登壇して祈りを捧げるということが行われました。キリスト教はそれほど、韓国社会に浸透しているのです。なぜでしょう？　その理由のひとつが、戦前の日本の植民地支配にあります。

◆抵抗勢力だったプロテスタント

朝鮮を植民地としていた戦前の日本は、「**内鮮一体化**」という同化政策によって、韓国の人たちにも日本の国家神道を信奉するよう求め、1930年以降の戦時体制下では、神社への参拝を強要したりしました。このとき、もっとも根強く抵抗したのが、プロテスタント勢力だったのです。

韓国のキリスト教は、民族主義と結びつくという、他のアジア諸国ではちょっと考えられない展開を見せました。アジアの他の植民地では、キリスト教は支配者側の原理でしたが、この場合の支配者は同じアジアの日本。しかも、神道というアジア的な宗教を支配の原理として押し立ててきたので、キリスト教が抵抗の原理になり得たのです。儒教や仏教、そしてカトリック勢力も、わりと早く抵抗を止めてしまったのに対して、プロテスタントは最後まで抵抗の姿勢を崩しませんでした。

戦後になっても、プロテスタントは民主化運動の推進役を務め、そんなことから韓国では、キリスト教が急成長をとげたのではないかと指摘されています。

◆儒教への回帰と巫俗の見直し

1970年代になると、韓国のナショナリズムは、民族のアイデンティティに重きを置くようになり、儒教的なものへの回帰傾向が強くなりました。その儒教すら外来のものであるとして、伝統的で土着的な「**巫俗**」を見直す動きなども登場しています。

いま、韓国は、経済発展による文化開放（日本文化などの受け入れ）というベクトルと、流入する日本的なものを排除して固有の文化に戻ろうとするベクトルがせめぎ合っている状態。宗教もまた、その両者の間で新しい方向を模索している状態、と言っていいでしょう。

第5章

死後の世界と宗教の謎

人間は、死んだらどうなるのか？
答えの見つからないこの不安があるために、
その不安から逃れたいために、
人は宗教を求めるのかもしれません。
宗教は、この不安にどう答えるのでしょう？
そしてこの不安から、
どうやって人間を救い出してくれるのでしょう？

謎092

人は、死んだらいったいどうなるの？

答えは「わからない」

人はいつかは死ぬ。これは、どんな人間も避けることができない宿命です。近代西洋の哲学者ハイデッガーは、人間とは、「予め開示されたこの現存在の終わりから、自分の実存を選び取っていく存在だ」と語っています。終わりが決められているからこそ、人は自分の人生をどう生きようかと迷ったり悩んだり、また生きていることを喜んだりできるのだと思います。

◆オカルトと宗教の違い

では、この肉体が滅んだら、人はどうなってしまうのでしょう？　残念ながら科学は、いまのところその答えを見つけていません。では宗教は？　残念ながら、宗教もまた、この問いに「ハッキリ」とは答えていません。

「ハッキリ」と言うのは、目に見えるような形では、ということです。たとえば、幽体離脱して魂だけがこの世界を浮遊するだとか、心霊写真に写るとか、そういう具体的な形では答えていない、ということです。

ここがオカルトと宗教の違いです。少なくとも世界宗教となったような宗教は、そういう目に見えるような形での「死後の世界」は、すべて否定しています。いま私たちが生きている現実世界のような「**あの世**」が、もうひとつあるとは、決して考えないのです。

しかし、キリスト教では「**神の国**」ということを言いますし、仏教では「**極楽浄土**」ということを言います。これは「あの世」ではないのでしょうか？

◆時間もまたなくなる

「神の国」にしても「極楽浄土」にしても、私たちはこれを一本の直線の上で考えようとします。つまり、現実の「生」という一本の線の上で、あるとき突然、「死」というできごとが起こって、そこから先は「あの世」である、という考え方です。この考え方の中では、こういう「時間」の流れを認識している「自分」が前提とされています。

しかし、よく考えてみましょう。人が死ぬということは、この「時間を見つめている自分」という主体が、いなくなるのです。

◆まだ来てないが、もう来ている

キリスト教で言う「神の国に召される」という表現も、仏教で言う「極楽浄土に往生する」または「成仏する」という言い方も、もはや「自分」ではなくなったものが、この世とは次元の異なった世界に迎え入れられる、ということを意味しています。その世界は、永遠に存在する普遍的な真理の世界と考えてもいいでしょう。

この世界は、時間的に「私の生」の後にやってくる世界なのではなく、生きているいまこのときに、同時に存在している世界でもあります。「**まだ来てない、しかし、すでに来ている**」そういう世界なのです。

宗教とは、そういう世界を信じて生きる生き方のこと、とも言えると思います。

◆そんなことは考えるな

それでも、私たち人間は、「死」が不安でたまりません。どうしても聞きたくなってしまいます。「死んだら、どうなるの？」と。釈迦の弟子も、孔子の弟子も、同じ質問を師にぶつけました。

釈迦の答えは、「そんなことは考えても仕方がない」でした。孔子は「いまだ生を知らず。いずくんぞ死を知らん」と答えました。生きていることさえよく理解できてないのに、どうして死んだ後のことまでわかるか、というわけです。

そんなことを考えるより、どう生きるか、それを考えることのほうが大事だ――どちらの師匠も同じことを答えているのです。

謎093 それでも宗教を信じるのは、何のためなの？

現世的価値と宗教的価値

人間は、人間である限り、死の不安から逃れることができません。でも、逃れることができないのは、この世に執着しているからでもあります。

◆この世の価値への執着

執着しているものは、いろいろあるでしょう。人によって、それはお金だったり、地位だったり、名誉だったり、あるいは友人や家族であったりするかもしれません。

総合すると、これらは「この世での価値」ということになると思います。よく、「宗教なんて信じて何になるの？」と言う人がいます。このときの「何に」は、「この世で」を問題にしているのです。宗教を信じたからと言って、お金持ちになるわけでもないし、出世できるわけでもないし、名誉を手にできるわけでもないじゃないか、というわけです。つまり、そんな現世的価値観からすれば、宗教なんて一文の得にもならないもの、でしかないわけです。

◆どうでもいいもの

ところが、宗教の側から言うと、そういう現世的価値こそ、「どうでもいいもの」になってしまいます。いくらお金を貯めたところで、どんなに高い地位についたところで、死んでしまえば無に帰してしまうのですから、何の意味もないではないか、というのが、宗教の主張です。

お金や地位だけではありません。人が正しいと思って重ねる業績さえもが、無に等しいと宗教は考えるのです。なぜなら、何を正しいと考えるかは、その時代を生きている人間の知恵ですが、その知恵だって相対的なものにすぎないからです。

そこで大事なことは、「自分は正しいことをしているんだ。だから、オレはえらい」と思うかどうかです。一般に宗教は、こうして自分で自分の価値を決めてしまうことをよしとしません。なぜなら、自分で判断するときの価値基準は、あくまで**現世的な価値基準**でしかないからです。

◆あとはおまかせしますという心

じゃ、何も努力しないで生きていればいいか、というと、それもまた違います。ほとんどの宗教の教えは「一生懸命生きなさい」です。ただし、その評価は、自分で下すのではなく、神なり仏なりにまかせてしまうのです。「一生懸命、がんばって生きてみました。あとはおまかせします」という態度です。

たとえ、その結果が、この世では報われなかったとしても、そんなことは「どうでもいい」と思える心のありよう。それこそが、宗教心というものではないかと思います。

現世の価値への執着が「死の不安」を生む

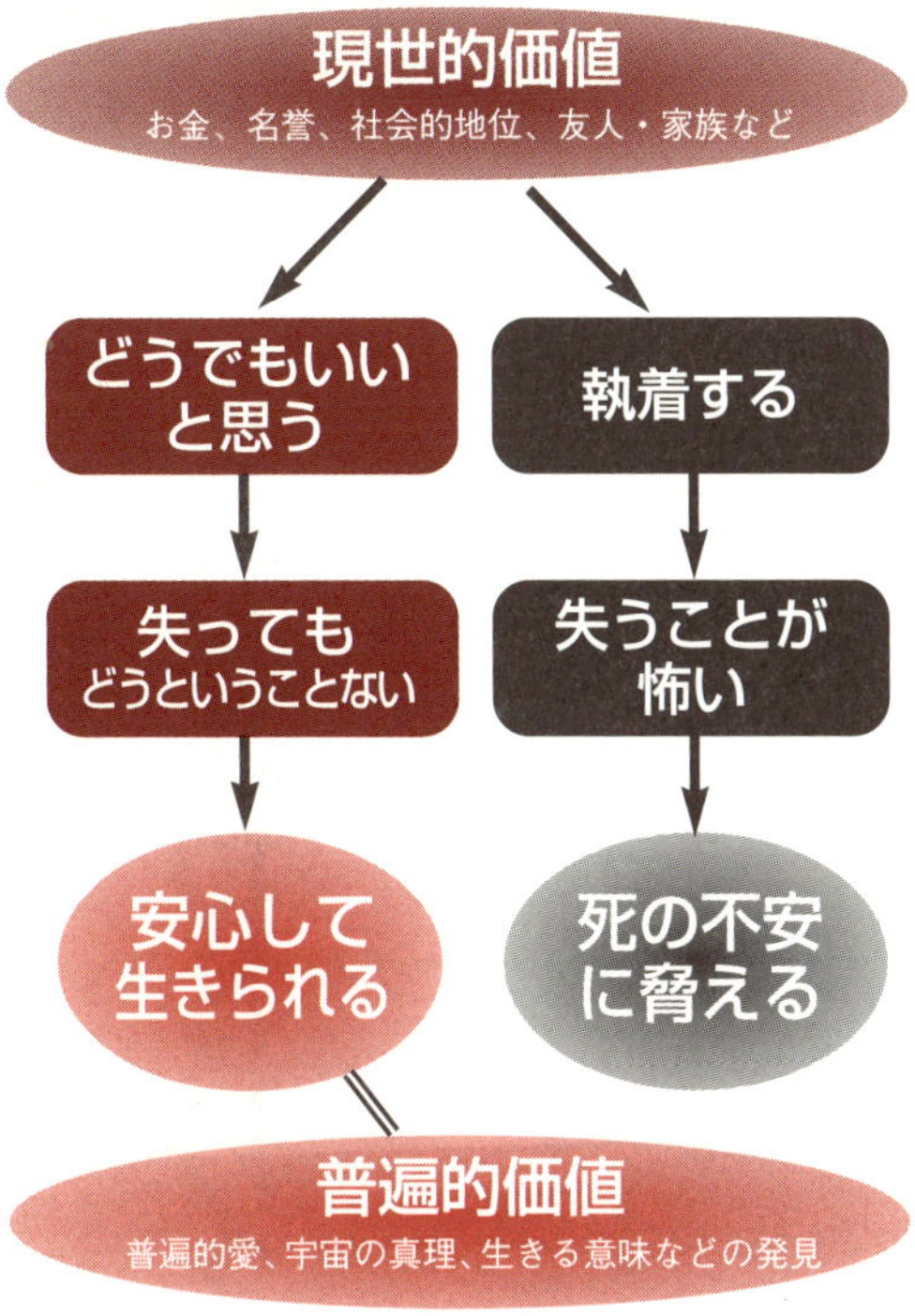

謎094

人は、死んでもまた生まれ変わるの？

輪廻転生と「六道」

世界の宗教の中には、この「生まれ変わり」を説く宗教もあります。よく知られている「**輪廻転生**《りんねてんしょう》」という考え方がそれです。これは、よく仏教の教えというふうに誤解されるのですが、実は仏教ではなく、それ以前、古代インドのバラモン教からきたものです。

◆六道に生まれ変わり

バラモンの教えでは、人は死んでも、また新しい肉体を得てこの世に生まれ変わり、これを永遠に繰り返すとされています。生まれ変わるのは人間とは限りません。虫や獣に生まれ変わる場合（**畜生道**）もあれば、地獄に堕ちる場合（**地獄道**）もあり、逆に天界に昇る場合（**天道**）もあります。こういう世界が全部で6つあって、これを「**六道**《ろくどう》」と言います（図参照）。

どの世界に生まれ変わるかは、生前の行い（カルマン＝業）によって決まります。善い行いを積めば善い世界に、悪い行いを重ねれば悪い世界に生まれ変わります。現世で苦しい思いをするのは、前世の報いというふうに考えられたわけです。

この行き先を決めるのは、**閻魔大王**（インドではヤマ）です。人が死んでから、次に生まれ変わるまでの期間を「**中陰**」と言いますが、この期間が49日間。この49日間が、言ってみれば「裁判期間」というわけです。

◆三途の川の渡し賃、六文

この話は、仏教とともに日本に入ってきて、さらに細かいディテールが加わります。49日間の「中陰」は、日本では「**冥土**」と呼ばれます。しかも、日本では、この49日間の間に、7日ごとに7回の裁判を受ける、という話になります。しかも、この冥土の旅路は山道。死装束は、そんな冥土の旅を乗り切るための装束でもあるわけです。

最初の7日目の裁きが終わると、その先に「**三途の川**」というのがあります。善人と審判された者は、橋を通って渡れますが、悪人は浅瀬を歩いて、極悪人になると濁流の中を泳いで渡らなければなりません。後代、この「三途の川」に、渡し舟が登場します。その渡し賃が6文。棺桶に六文銭を入れる慣わしがあるのは、そのためです。

◆賽の河原に鬼が出て

「三途の川」のほとりには「**賽**《さい》**の河原**」があります。親より先に死んだ子どもは、この河原に取り残され、石を積んでは塔を作るのですが、やっとでき上がった塔を鬼が壊しにきます。また作る、また壊される。そこへやって来て子どもたちを救うのが**地蔵菩薩**です。

川を渡ると、対岸には老婆が待ち受けていて、死者の衣服をはぎ取り、その重さを量ります。これが重いほど、生前の罪も重いと判断されます。こうした裁きを何度も受け、やっと49日目に、どの世界に転生するかが決まる、というわけです。

謎095

仏教では、死後の世界をどう考えているの？

解脱に至る道

古代インド人は、この世を「**苦界**」ととらえていました。「輪廻転生」は、この苦界に何度も何度も生まれ変わる、という話ですから、たまったものではありません。そこで、この繰り返しから脱け出すことを「**解脱**《げだつ》」と言いました。

◆真理を悟れば解脱できる

どうすれば解脱できるかというと、真理を悟ることによって

死後の行き先が決まるまで

輪廻転生の仕組みと、死後、自分の行き先が決まるまでの仕組み。仏教では人間の生と死は、こんな仕組みで成り立っています。

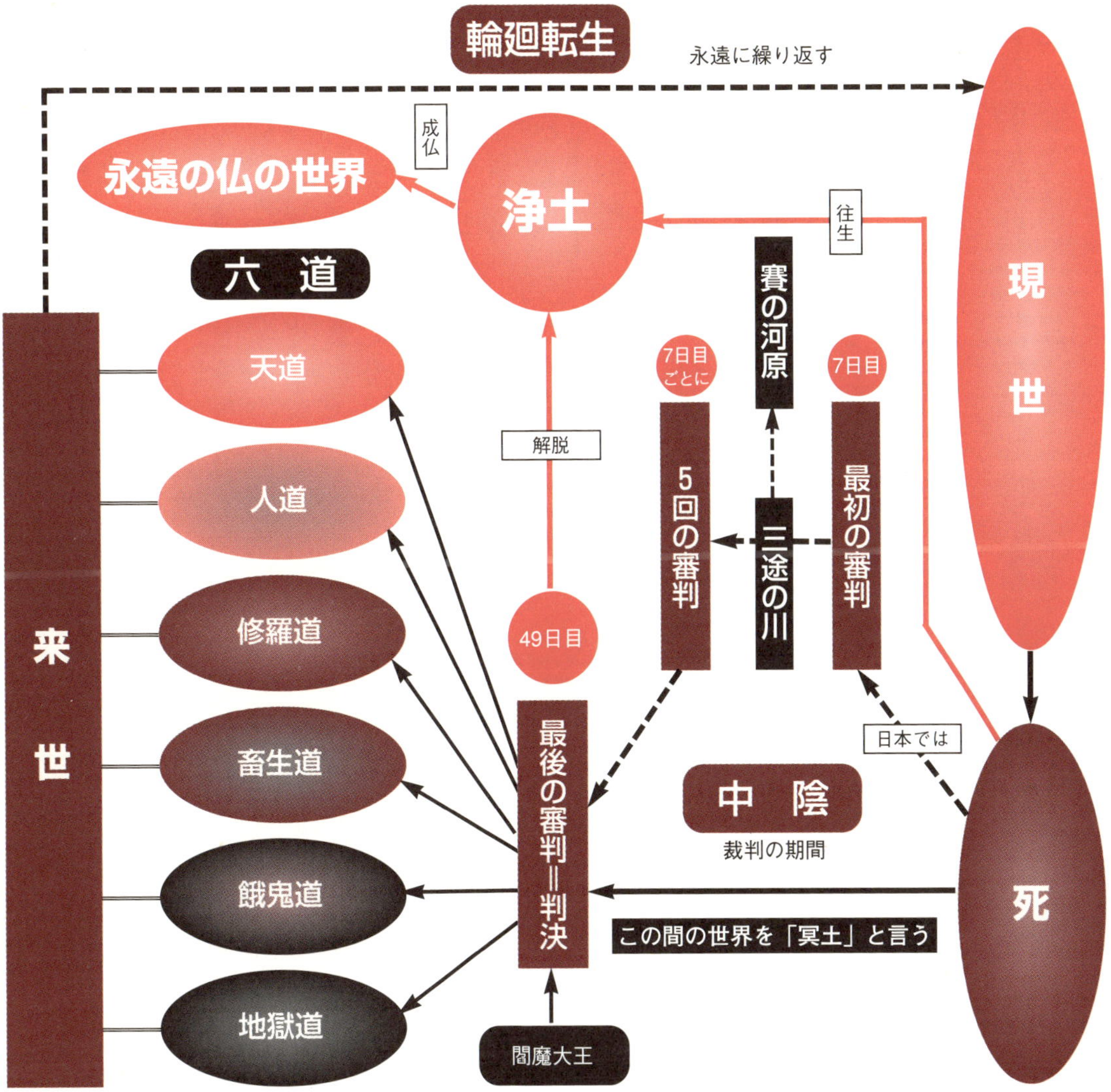

です。バラモン教では、宇宙の根本原理を「ブラフマン＝梵」と言い、個々に内在するその実体を「アートマン＝我」と言いました。そして、この両者は実は一体である（梵我一如）として、その真理を悟れば、輪廻転生の繰り返しから脱出できると説いたのです。

◆浄土に行けば転生しない

仏教も、こうした思想の上に成り立った宗教です。釈迦は、解脱に至るためには、苦の原因である煩悩を取り除き、「涅槃」の境地に至れ、と説きました（詳しくは謎０４９参照）。この悟りに至る方法については、以後の宗派によって考え方が違ってくるのですが、いずれにしても悟りを開けば、人は浄土に行ける。一度、浄土に行けば、もう二度と生まれ変わることはなく、仏として仏国土に迎えられると説きました。

輪廻転生は、この悟りが開けず、煩悩のままに生きる人間が陥る苦しみの世界なのです。

謎096

人は一度、死んでも、生き返ることができるの？

死者の復活を信じる宗教

「輪廻転生」は、「人は生まれ変わる」という思想ですが、ユダヤ教やキリスト教、イスラム教では、「生まれ変わり」ではなく「**復活**」が説かれます。

◆オシリスの神話

この「復活」という概念が最初に登場するのは、古代エジプトの「**オシリス信仰**」でしょう。

オシリスはエジプト王朝の王でしたが、あるとき、弟に殺され、その死体をバラバラにされて捨てられてしまいます。嘆き悲しんだその妻イシスは、オシリスの遺体を拾い集めてミイラにし、魂を復活させます。復活したオシリスは、弟を断罪し、自分の子どもであるホルスを王位につける――という話です。

この神話から、古代エジプト人は、死者の魂は元の肉体に復活すると考え、ファラオ（国王）の遺体をミイラにして保存するようになりました。さらに、この考えは、一般民衆の間にも広がり、その後発達した『**死者の書**』には、復活するための準備の方法などが記されるようになりました。

この『死者の書』によると、死者はオシリスの審判の広間で生前の罪を告白し、正義の秤にかけられます。死者の魂が正義の羽毛と同じ重さになると、魂が死者の国に迎え入れられて、復活の日を待つ、とされました。

◆「最後の審判」の登場

ゾロアスター教になると、そこに「**終末の到来**」と「**最後の審判**」という概念が登場します。善悪二神論を展開するゾロアスター教では、善神と悪神の間で最後の決戦が戦われ、最後に善神が勝って善の国が建設されるのですが、そのとき「最後の審判」が行われて、すべての人々が裁かれる、とされました。この終末論と最後の審判の概念は、以後のユダヤ教を始めとするアブラハム系宗教に受け継がれました。

ユダヤ教でもキリスト教でもイスラム教でも、この最後の審判のときには、死者も再び復活して審判を受ける、とされています。裁判を受けるために呼び出されるわけです。

イスラム教では、このとき、善行と悪行が秤にかけられ、最後の楽園に入る者と地獄に落ちる者が分けられます。この楽園と地獄の差があまりに激しいので、イスラムの世界では、この世での行いを厳しく律しようとの生活態度が生まれるのではないかと考えられます。

謎097

キリスト教では、死後の世界はどう考えるの？

十字架と復活が教える永遠の命

実は、キリスト教ばかりでなく、ユダヤ教でもイスラム教でも、この地上での肉体の死というのは、あまり重要なこととは考えられていません。

◆肉体の死はあくまで通過点

というより、この死は、通過点にすぎないと思われています。なぜなら、いよいよ神の国が建設されるというときには、死者もすべて復活させられ、「最後の審判」に呼び出されて、裁かれなければならないからです。重要なのは、神の国の建設という「神の計画」なのであって、人の一生ではないからです。

しかし、キリスト教では、人が死ぬと「神の国に召されました」という言い方をします。「最後の審判」はまだ来てないのだから、ほんとうなら「神の国」に召されたかどうか、まだわからないはずなのに、どうしてでしょう？

◆予め贖われた罪

この疑問を解く鍵は、イエス

「最後の審判」と死者の「復活」

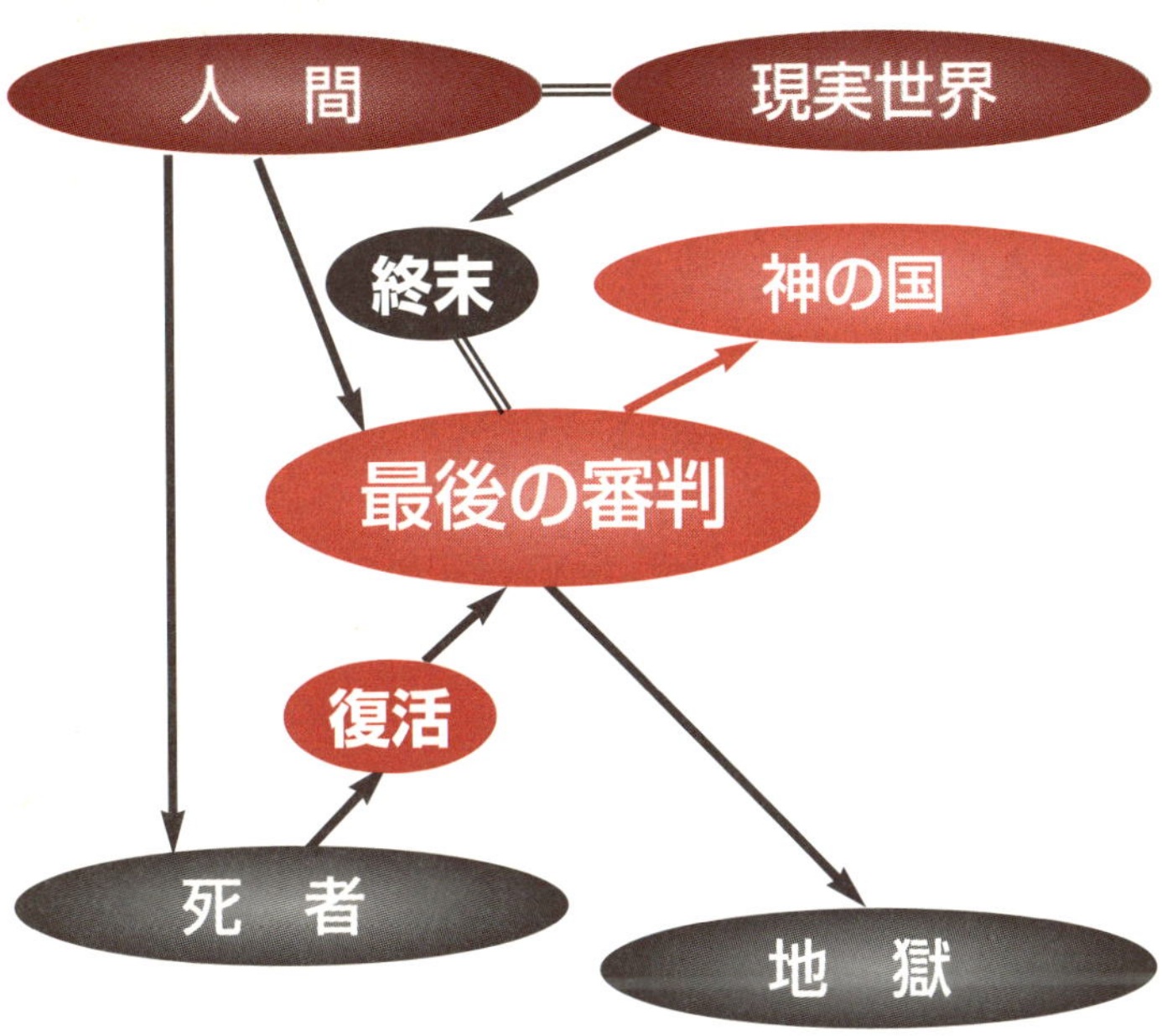

終末が来ると、死者も復活して、「最後の審判」に呼び出され、裁きを受けます。信仰篤い人間は「神の国」に迎えられ、罪を重ねた人間は地獄行きが決まります。

の「**十字架における死**」と「**復活**」にあります。イエスは、ほんとうなら「最後の審判」のときまで引きずって持って行かなければならない人間の罪を、すべて、自分の身に背負って十字架にかかり、そして自らの血で贖《あがな》いました。このイエスの贖いによって、私たちのすべての罪は、神によって赦されるとしたのです。

その3日後に、イエスは復活します。これは何を意味するかと言うと、「**永遠の命を得た**」ということです。

◆神の愛を信じれば

キリスト教は、こう教えます。私たち罪深い人間は、イエスの十字架による贖いを通してその罪を赦されたのだ。わが子イエスを十字架上で死なせてまでも、人の罪を赦そうとしたのは、神の愛であり、人間は、その神の愛を信じて罪を悔い改めれば、イエスの復活とともに永遠の命に連なることができるのだ——と。

私たちの罪は、予め贖われているのだから、もはや死も、また死の後でやってくる「最後の審判」も恐れることはない。

《死も、命も……イエス・キリストにおける神の愛から私たちを引き離すことはできない》

『ローマ人への手紙』に記されたパウロのこの言葉こそ、キリスト教における死生観を端的に物語っていると言っていいでしょう。

謎098 なぜ土葬にするの？ なぜ火葬にするの？

●●● 埋葬の仕方の違い。その理由は？

仏教では、人が死ぬと、遺体は**火葬**にします。しかし、イスラム教では絶対に火葬は行わず、**土葬**にします。キリスト教でも、本来は土葬ですが、最近は火葬も取り入れているようです。火葬にする宗教と土葬にする宗教は、どこが違うのでしょう？

◆復活する宗教では土葬

実は、これは、前に触れた「生まれ変わり」か「復活」かの違いにあるのです。「復活」を信じる宗教では、遺体を焼いてしまうと、復活するボディがなくなるので、そのまま遺体を土に埋めます。古代エジプトのファラオのようにミイラにすることもありました。しかし、「生まれ変わる」とする宗教では、遺体そのものには意味がありませんから、焼いてしまうのです。

イスラム教の場合は、地獄の責め苦が火責めでもあるところから、特に火葬を嫌います。いまでも、決して死者を荼毘に付すことはありません。

謎099

人間は、救われなければならない生きものなのでしょうか？

自己評価では救われない人間

この質問に対する答えは、恐らく人それぞれでしょう。中には、「自分は救われる必要なんてない。いまのままで十分だ」と言う人もいるかもしれません。それはそれでいいのだと思います。

◆逃れられない死からの不安

しかし、そんな人でも、自分の命が有限で、いつかはその命が終わるという不安から逃れることはできません。宗教の役割のひとつは、その不安から人を救い出すことにあります。

そのために宗教は、人の死がそのまま世界との断絶にはならない、という教えを提示します。たとえ肉体が滅んでも、その魂は浄土に迎えられて仏となる（仏教）、永遠の命を得て神の国に迎えられる（キリスト教）、祖霊となって子孫につながる（儒教や神道）などと教えることによって、自分の命が何の意味もなく、ただ終わってしまうのだとは思わなくてすむようにしてくれます。

◆人は評価を求める生きもの

もうひとつ、人が救いを求める理由は、人生の評価ということにあります。自分の人生は何のためにあるんだろう、と考えない人はいないと思いますが、そう考えると、今度は「結果」が気になります。「〇〇のため」に、自分はどれだけのことができたのだろう、これでよかったのだろうか、と点数をつけたくなる、ということです。

通常、この点数は、周囲の評価を基準につけられます。「仕事のため」と考える人なら会社などでの評価が、「家族のため」と考える人なら家族の評価が、その判定基準となります。場合によっては自分の「達成感」が基準となるかもしれません。

◆自己評価では救われない

しかし、これらの評価は、あくまで相対的なものにすぎません。会社はいつか辞めてしまうものだし、家族だって次第にバラバラになっていきます。達成感の場合は、自分の中での満足度の問題ですから、人間の欲望にきりがない限り、いつまでたっても「100%」という評価は得られないかもしれません。それに、欲望がエスカレートするのと反対に、達成する能力そのものは、年齢とともに衰えていきますから、最後にはもどかしさや不満ばかりが残る結果にもなりかねません。

つまり、自分が自分に下す評価では、人はどうも自分を救いきれない、ということです。

そこで求められるのが、うまくいった人生も、ちょっと失敗したなと思う人生も、あ〜あ、これじゃダメだと思う人生も、まるごと引き受けて、「それでいいんだよ」と言ってくれる何か。それが、人生全体を意味づける思想や哲学です。宗教は、それを神や仏という宇宙の側から語りかけてくれます。これも、宗教の大きな役割のひとつです。

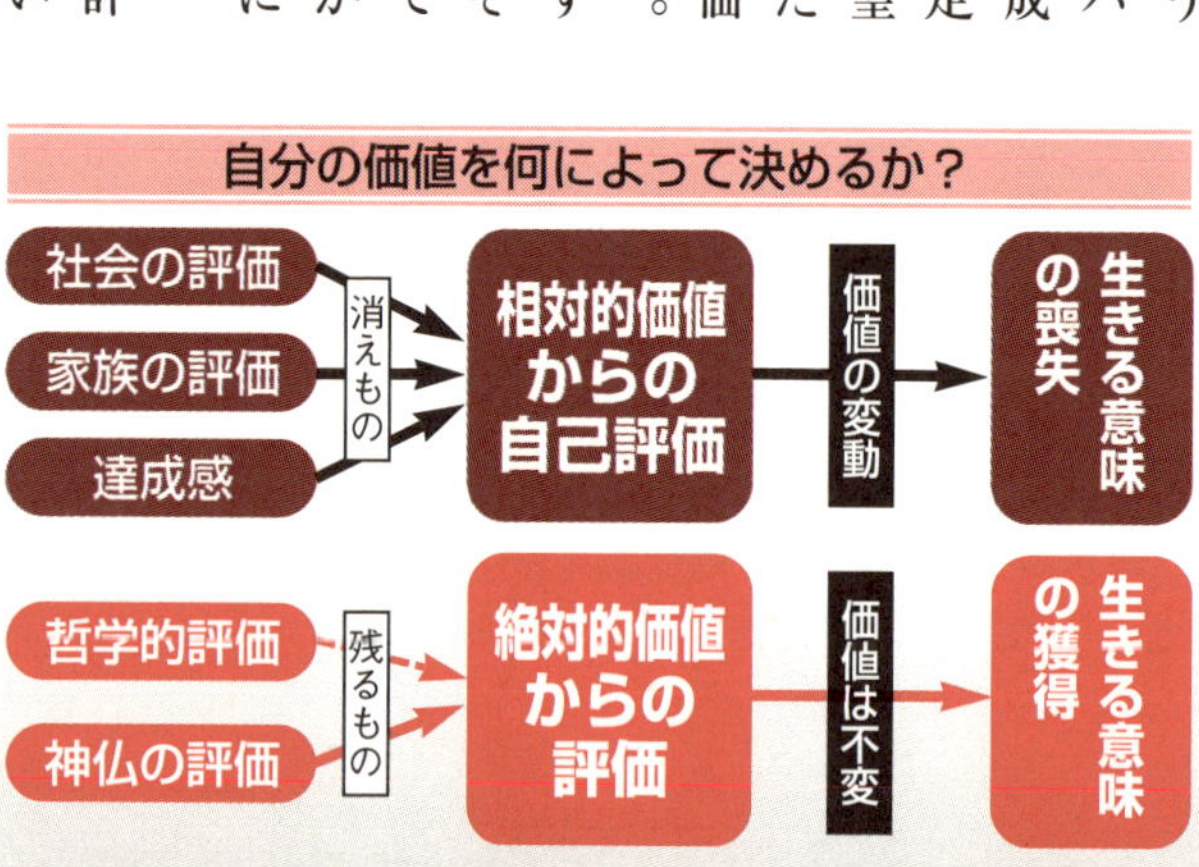

自分の評価を、会社や社会、家族、自分の達成感などの「消えもの」に依存していると、いつかはその価値を失い、生きる意味を喪失してしまうことにもなりかねない。宗教や哲学は、その危機を救ってくれる。

謎100

神様や仏様は、人間をどう評価するのでしょうか？

エゴゆえに背負ってしまう罪業

さて、いよいよ、最後のテーマに近づきつつあります。

自分で自分に下す評価がアテにならないとしたら、その評価は、もっと大きな存在、この宇宙や世界の根本原理の側から下してもらう、ということになります。ここで、神様や仏様の登場です。

◆指針としての戒律や徳目

といっても、死んだあとになって点数をつけられても、いまこの人生を生きている人間としては、困ってしまいます。それでは、「どう生きるか？」という問題が解決できないからです。

そこで、たいていの宗教では、あらかじめその指針が示されています。それは、「○○をしてはいけない」という**戒律**の形で示されている場合もあれば、「○○しなさい」という**徳目**として示されている場合もあり、もっと普遍的な**倫理**や、心の持ちようとして示されている場合もあります。

◆完璧と言える人間はいない

私たちは、こうして示された指針をもとに自分の身を振り返り、「これでよかったのか？」「自分は救われるのだろうか？」と、自分に問いかけます。

問題はここからです。「大丈夫。自分は100％完璧」と言えたらいいのですが、たぶん、そんな人はいないはずです。というより、もし「自分は完璧」と言う人間がいたら、そんな人間こそ、神や仏の側から見たら問題だからです。神仏の目には、人間の傲慢こそが、最大の罪と映るからです。

◆心の中で犯した罪も

しかし、ほとんどの人はそうは思いません。「そう言えば自分は……」と、何かしら反省したり、後悔したりすることが出てきます。

たとえば、「隣人を愛しなさい」と言われているけど、自分にいつもイジワルをする姑だけはどうしても愛する気になれず、心の中で「いなくなってほしい」と思ったことがあるとか、「ウソをついてはいけない」と言われているけど、正直言うと一度だけ、妻以外の女性に心を奪われたことがあって、それを正直には言えなかったとか、「友人には信を尽くせ」と言われているけど、あのときは自分の身を守ることが先決で、困っている友人を助けてあげることができなかったとか――そんな反省や後悔です。

◆エゴゆえに抱える罪業

たとえ法律に触れるようなことをしていなくても、宗教ではこれを「罪」や「業」と考えます。そういう罪を実際に犯したかどうかよりも、その根底にある心のあり方自体を宗教は問題とするわけです。そして、人間がそんな罪を背負い込んでしまうのは、そこに**自我**（エゴ）の働きがあるからだと、解釈するのです。

エゴゆえに犯してしまうこんな罪業を抱えたままでは、とてもすんなりと天国へは行けそうもない――そこで、人は救いを求めます。宗教は、そんな人間の救済願望にどう答えるのでしょうか？　最後のテーマとして、この問題に取り組んでみたいと思います。

謎101 救われるために、人は何をすればいいのでしょうか？

行いによる救いと信仰による救い

自我＝エゴの働きゆえに、人間は、心の中で、あるいは実際に行動として、罪を犯してしまいます。

人間は、そういう意味で**不完全な存在**です。その不完全な存在としての人間に、宗教はどんな教えで、その救済を図ろうとするのでしょう。世界中の宗教を見渡してみると、その教えは2つに分かれるような気がします。

◆戒律を守ることで救われる

ひとつは、そんな不完全なままでは、天国（宗派によって、「神の国」だったり、「浄土」だったり、「楽園」だったりします）には迎えられない、もっと勉強してきなさい、という教えです。

この「勉強」にも、2つの方法があります。

そのひとつは、「**戒律**」を守る、ということです。この戒律にいちばん厳しいのがユダヤ教です。戒律は神との契約を履行するための大事な遵守事項ですから、ユダヤ教の世界では、律法学者たちが、この戒めが守られているかどうかを厳しく判断します。

イスラム教も戒律を重んじますが、一方で人間の不完全さも認めていますから、たとえ戒律を破っても、**六信五行**（謎036参照）を実行して神への信仰の篤さを示せば赦される、としています。

◆修行を積めば救われる

「**勉強**」のもうひとつ重要なファクターは、「**修行**」です。

修行の中には、戒律を守るということも含まれるのですが、それだけではありません。自分の中にある迷いや欲望、人間としての驕りといった「救い」を妨げる要素を消し去り、自分の心の中を「救われる」にふさわしい状態にするのが、修行の重要な目的です。

インド系の宗教、ヒンドゥー教や仏教では、この修行を重視する宗派が少なくありません。仏教の場合には、この修行のために**出家**（俗界を離れて僧籍に入ること）することを求める宗派もあります（ミャンマーなどに伝わった上座部仏教など）。

密教系の宗派では、修行として、一般には秘密とされている厳しい肉体的鍛錬を求めたりもします。そうした苦行の末に悟りを開くことが、救いに至る道とされているのです。

禅宗で行われる「**座禅**」も、修行のひとつですが、その位置づけは宗派によって微妙に違います。座禅を悟りを開くための手段とするか、座禅そのものが悟りの姿であるとするかの違いです。

◆ただただ慈悲にすがる

戒律を守って身を律するのも、厳しい修行に耐えて悟りを開くのも、考え方としては、人間が自分のほうから「救われよう」としてとる行動で、救われるかどうかは、その結果次第ということになります。仏教的に言うと、「**自力本願**」です。

これに対して、神や仏のほうから救いに来てくださるのだから、それを信じさえすれば救われる、という考え方があります。

わかりやすいのが、浄土真宗を開いた親鸞の教えです。親鸞は、「**信心の定まる時、往生また定まるなり**」と説きました。信心するのは阿弥陀仏です。阿弥陀仏というのは、すべての衆生を救おうとの誓いを立てて浄土を建立した仏様。その救済を信じて「南無阿弥陀仏」と唱えさえすれば、浄土に連れて行ってもらえる、と説いたのです。

◆悔い改めれば救われる

こと「救い」に関しては、親鸞の教えとキリスト教の教えは、とてもよく似ています。

キリスト教はよく「愛の宗教」と言われます。しかし、ここで言う愛は、人間がそのエゴから言う「愛」ではありません。「あなたが好きだから愛する」とか「親だから愛する」とかいう愛ではない、ということです。では、どういう愛か？　「あなたの敵をも愛しなさい」という愛です。キリスト教が説く神の愛と救いの関係は、要約するとこうなります。

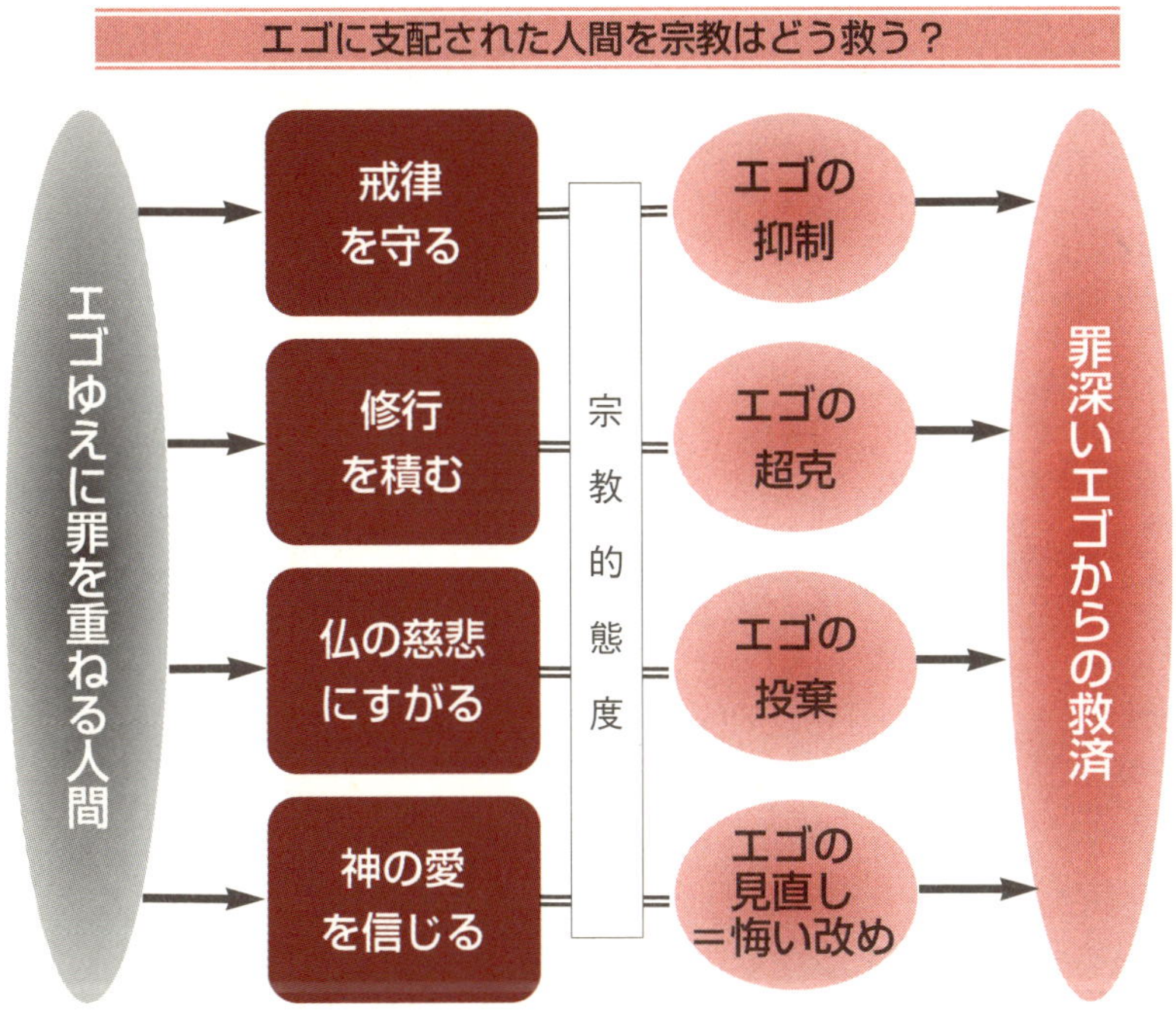

エゴ（欲望に支配される自我）ゆえに罪を重ねてしまう人間。宗教はそんなエゴから人間を解き放ち、魂の救済を図ります。その方法をまとめたのが上図。上の2つは、ユダヤ教、イスラム教、上座部仏教、自力本願の仏教がとる方法。3つ目は、他力本願の仏教、下はキリスト教の方法。

《この普遍的な愛をまず、神があなたたちに示してくれたのである。それにもかかわらず、人間は罪を犯し、その罪ゆえに律法の奴隷となっている。しかし、神は、その罪からも人間を解放すべく、イエスを十字架にかけて、すべての罪を贖わしめた。それゆえ、あなたたちの罪はすべて、このイエス・キリストの名によって赦されているのである》

人間は、この神の愛を信じ、罪を悔い改めれば、永遠の命にあずかれる。これがキリスト教の教えの根幹とも言える部分です。

◆似ているイエスと親鸞の教え

神の愛と阿弥陀仏の慈悲、信じることによって救われると説くところ――親鸞とイエスの教え、驚くほど似ていると思いませんか？　他にも似ているところがあります。

それは、罪人のほうが救いに近い、と説いているところです。この場合の「**罪人**《つみびと》」（親鸞は「**悪人**」と言っています）は、文字どおりの罪人（悪人）ではありません。「自分は罪を犯した」と自覚している人間のことです。イエスは、「私が来たのは、義人を招くためではない。罪人を招くためである」と語っています。親鸞には、有名な「**悪人正機**」という教えがあります。「善人なほもって往生をとぐ。いはんや悪人をや」という、あの教えです。

どちらが言っていることもほとんど同じで、「自分は正しい＝善人である」と思っている人よりも、「自分は罪深い人間だ＝悪人である」と思っている人間のほうが、救いに近い、ということです。

「自分は正しい」は、エゴが言わせる言葉。宗教的価値観から言うと、このエゴは払拭すべきものなのです。それができないから人間でもあるのですが、絶対的価値の前に身を投げ出して、自分のそんなあり方を正していこうとする態度――すべての宗教が求めているのは、人間のそんな姿勢だと言っていいでしょう。

●参考文献

本書の執筆にあたっては、下記の文献を参考にさせていただきました。

『今日のトーテミズム』（レヴィ・ストロース　仲澤紀雄訳/みすず書房）
『神話と意味』（レヴィ・ストロース　大橋保夫訳/みすず書房）
『農業は人類の原罪である』（コリン・タッジ　竹内久美子訳/新潮社）
『カイエ・ソバージュⅣ　神の発明』（中沢新一/講談社）
『ギリシャ神話』（山室　静/文元社）
『一神教の誕生』（オドン・ヴァレ　佐藤正英監修/創元社）
『原理主義とは何か』（小川　忠/講談社）
『存在と時間ⅠⅡⅢ』（ハイデガー　原　佑・渡邉二郎訳／中央公論新社・中公クラシックス）
『世界宗教大事典』（山折哲雄監修/平凡社）
『哲学・思想事典』（岩波書店）
『世界の神々の事典』（松村一男監修/学研）
『宗教のしくみ事典』（大島宏之/日本実業出版社）
『世界の宗教101物語』（井上順孝編/新書館）
『世界の宗教　総解説』（自由国民社）
『世界がわかる宗教社会学入門』（橋爪大三郎/筑摩書房）
『もう一度学びたい　世界の宗教』（渡辺和子監修/西東社）
『宗教の歴史地図』（井上順孝監修/青春出版社）
『すぐわかる世界の宗教』（町田宗鳳監修/東京美術）

『聖書新改訳』（新改訳聖書刊行会翻訳/日本聖書刊行会）
『コーランⅠ・Ⅱ』（藤本勝次・伴康哉・池田修訳/中央公論新社・中公クラシックス）
『世界の三大宗教　仏教・キリスト教・イスラム教』（歴史の謎を探る会編著/河出書房新社）
『ユダヤ教の歴史』（アンドレ・シュラキ 増田治子訳/白水社）
『キリスト教を知る事典』（高尾利数/東京堂出版）
『知の教科書　キリスト教』（竹下節子/講談社）
『プロテスタンティズムの倫理と資本主義の精神』（マックス・ウェーバー　梶山　力・大塚久雄訳/岩波文庫）
『宗教改革と近代社会』（大塚久雄/みすず書房）
『キリスト教組織神学事典』（東京神学大学神学会編/教文館）
『岩波 キリスト教事典』（大貫隆・名取四郎・宮本久雄・百瀬文晃編集/岩波書店）
『世界史リブレット イスラームのとらえ方』（東長靖/山川出版社）
『イスラームの世界地図』（21世紀研究会編/文藝春秋）
『イスラーム教を知る事典』（渥美堅次/東京堂出版）
『日本人のためのイスラム原論』（小室直樹/集英社インターナショナル）

『仏教の考え方』（村上真完/国書刊行会）
『完全図解 仏教早わかり百科』（ひろさちや監修/主婦と生活社）
『新版仏事の基礎知識』（藤井正雄/講談社）
『日本仏教十三宗 ここが違う』（大法輪閣）
『仏教宗派の常識』（山野上純夫・横山真佳・田原由紀共著/朱鷺書房）
『古事記』（倉野憲司校注/岩波文庫）
『呪いと祟りの日本古代史』（関　裕二/東京書籍）
『日本宗教事典』（弘文堂）
『日本人の宗教「神と仏」を読む』（黒塚信一郎/かんき出版）
『すぐわかる　日本の宗教』（山折哲雄監修、川村邦光執筆/東京美術）
『靖国問題』（高橋哲哉/筑摩書房）

なぜこんなことするの?―の謎がこれでナットク

世界の宗教101の謎

2005年11月20日　初版印刷
2005年11月30日　初版発行

編　著●21世紀思想研究会
企画・編集●虹企画
東京都新宿区市谷台町5-3　第2光ビル103
TEL 03-5363-2036
発行者●若森繁男
発行所●株式会社 河出書房新社
東京都渋谷区千駄ヶ谷2-32-2
TEL 03-3404-1201(営業)
http://www.kawade.co.jp/
印刷・製本●中央精版印刷株式会社

ISBN 4-309-24359-2